保育の
プロになる

ワーク30

新保庄三　著

子どもの未来社

保育のプロになるために

新保庄三

　子どもはとてもおもしろい存在で、保育はたのしい仕事です。ですが、現在、保育の世界はさまざまな課題を抱えています。保育士不足がまねく子どもの安全への懸念、不適切な保育の問題、社会の保育への無理解もあります。

　保育の仕事は、考えられているよりも幅が広い仕事です。一人一人の子どもにそった健康管理、こころのケア、食事、睡眠、排泄、運動、あそび……広い分野の知識が必要です。ほかにも、公衆衛生や社会問題にかかわることもありますし、保護者との子どもに関する細かいやり取りも重要な仕事です。

　プロの保育士になるために、みなさんは学校でたくさんのことを学んできていると思いますが、ただ勉強して知識を身につけただけでは、実践が難しいことが多いのが保育の仕事です。保育論や子ども論を学ぶことも大切ですが、それ以前に大切なのは、まず自分自身の保育士としての土台をしっかりと固めることです。土台を固め

てから、保育や子どもについての知識や考えを豊かにして
いく必要があるのに、あたまだけで知識を身につけよ
うとすることが多いのが現状です。家を建てるときに土
台がしっかりしていないと家は崩れてしまいますが、そ
れは、保育士にも同じことが言えます。

　本書では、ワークを行うことで保育士の土台をしっか
りと固めることができるように構成しています。2022
年に東京都の渋谷区と墨田区で各３回ずつ行った、主に
新人保育士に向けた研修をもとに構成していますが、新
人保育士だけでなく中堅保育士、ベテラン保育士にも読
んでほしいと考えて、この本を企画しました。中堅・ベ
テラン保育士には自分の保育の仕事を今一度、見直して
みてほしいと思います。そして、今の若い保育士を知る
ためにも、この本を活用していただきたいです。

　みなさんが保育のプロになるために、本書が助けにな
ることを願っています。

もくじ

① 失敗ってこわいよね

② ストレスを解消しよう！

もくじ

④ コミュニケーション力をきたえよう！

⑤ 子どもの権利を保育に活かそう！

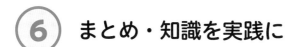

⑥ まとめ・知識を実践に

本の構成

本書は、保育のプロとしての土台をつくり、スキルを高めるための6章から成っています。グループで行うものと1人ですすめるワークがあります。

● 章の目標です。興味のあるものからはじめてもよいでしょう。

● ワークのすすめ方、かかる時間の目安、人数がわかります。

QRコードが付いているワークは、QRコードを読み取って、出力して使うことができます。

● ワークについての説明や、知っておきたい情報です。

＊ワークのプリントです。営利目的でない場合は、著者や出版社に許可を取らずにお使いいただけます。

● 実際にワークをやってみた新人保育士たちの声です。

● 先生からのワークに関するアドバイスです。より深く、そのワークを理解できます。

● 覚えておきたいワークのポイントです。

ワークの人数

　職員でグループをつくり、ワークを行うことで、園の結束力が強まります。ワークによっては、1人でじっくり自分と向き合います。

基本のグループ・3人～5人くらい

1. リーダーを決めます。じゃんけん、年齢がいちばん高い人・低い人など、毎回同じ人にならないようにします。

2. リーダーをAとして、Aから時計回りに発言していきます。時間がない場合はAは発言せず、時間をはかるなどしてワークの進行を仕切ります。

3. ワークによっては、最後にAが、みんなの意見をまとめます。

2人+ファシリテーター

ファシリテーター

1. 3人の場合は、じゃんけんなどで、1人を「ファシリテーター」としてもよいでしょう。

2. 2人の発言する時間をファシリテーターがはかります。

3. 最後に、ファシリテーターが意見をまとめます。

> **ファシリテーターってなに？**
> 　集団での話し合いの場をスムーズに進行させる人のことです。発言時間を制限したり、話の論点がずれてきたときなどに進行を整えたりします。ファシリテーターは中立の立場なので、意見は言いません。

1人

　1人ですすめられるワークもたくさんあります。日記を書くことや読書
もワークになります。

紙に書くことで、
気分がスッキリしたり
考えがまとまったりします。

リラックスして、
心身の健康を保ちます。

読書を習慣化することで
語彙力がきたえられ、
書く力も身につきます。

序章

ウォーミングアップ
からはじめよう！

ウォーミングアップからはじめよう！

　グループでワークをすすめる前に、ちょっとした準備体操をすることで、とても話しやすい空気がうまれます。時間があるときは、ぜひウォーミングアップからはじめてみましょう。

❶ 回転式いないいないばあ！

すすめ方

1. 2人一組になり、向かい合う。
2. 1回目は、ふつうに両手を開いて「いないいないばあ」を行う。
3. 2回目以降は、「ばあ」の時に両手を開かず、上下左右のどこかに動かす。
4. 相手と同じ向きに動かしたら、成功。ハイタッチする。

所要時間：3分　**人数**：2人

ポイント　単純なあそびですが、盛り上がります。気持ちを合わせようとするあそびなので、ワークのときのコミュニケーションの取り方が変わってきます。
　　　　　人数が奇数の場合は、1人はファシリテーターになりましょう。

❷ エア大縄とび

1. エア大縄をまわす人を 2 人決める。

2. 2 人は息を合わせて、エア大縄をまわす。

3. ほかの人は、エア大縄に入ってとび、向こう側へぬけていく。

所要時間：3分　人数：4人以上

ポイント　エア大縄をまわす人は、大きくまわしたり低いところでまわしたり、動きを変えていくととても盛り上がります。ほかの人は、 1 人ずつ抜けていくだけでなく、引っかかる演技をしたり、全員一列になってとんだりしても楽しめます。

❸ はげましの歌はなあに？

すすめ方

1. グループでリーダーを決める。

2. リーダーから時計回りに、自分が聴くとはげまされる、元気が出る歌や曲を紹介する。

3. 話し終わったら、ほかの人は感想を言ったり質問したりしてもよい。

所要時間：3分　人数：3人以上

ポイント　世代が違う人たちとグループをつくると、知らない歌や曲に出合えて世界が広がります。自分をはげましてくれる歌をもつことも、保育のプロにはとても大切なことです。

1

失敗って
こわいよね

失敗って
こわいよね

みなさんの多くは、「失敗はこわい」と思っているのではないでしょうか。失敗には日常の小さな失敗から、事によると子どもの命にかかわるような重大な失敗までさまざまあります。保育士は子どもの命をあずかる責任の大きな仕事ですが、どんなに気をつけても、人間のやることに失敗はなくならないものです。大切なのは、小さな失敗をしたときに、その失敗を振り返って次に活かすことで、大きな事故を防ぐことです。ワークを通して、失敗について考えていきましょう。

失敗がこわいと思う原因をさぐって、考えよう！

　失敗はだれだってしたくないことですが、「失敗がこわい」「人に迷惑をかけたくない」と思うのは、どうしてでしょうか。失敗をした自分をだめだと思いこんでしまったり、周囲から仕事のできない人だと思われたくないという防衛本能が働いたりするからではないでしょうか。

　まずは小さな失敗をオープンにすることによって、失敗をおそれてガチガチになったあたまとからだを、ワークを通してゆっくりほぐしていきましょう。

　ワークは、あたまで考えるだけではなく紙に書いて整理していきましょう。書くことで、自分の考えをすっきり整理することができます。そのあと、仲間と話し合って考えを共有してみましょう。

ワーク
1

失敗はこわい?

失敗することに対する自分の考えを整理しましょう。

すすめ方

1. 紙に今の自分の気持ちを書く。
2. グループでリーダーAを決め、Aから順に自分の考えを話す。

所要時間：20分 　**人数**：3人以上

- -

年　　　月　　　日

Q1. 失敗はこわい？　当てはまるものに丸をつけましょう。

A）こわい。どちらかというと、こわい。

B）こわいと思わない。どちらかというと、こわいと思わない。

C）その他。（よくわからない）

Q2. Q1 で思った理由を箇条書きで書きましょう。

....

....

....

....

....

....

....

©新保庄三『保育のプロになるワーク30』（子どもの未来社）

1

失敗ってこわいよね

ワーク 1 みんなの声

▼

- 先輩に迷惑をかけてはいけないので、失敗はしたくない。
- 失敗すると「仕事のできない人」と思われそうでこわい。
- 失敗すると自信がなくなる。
- 失敗をおそれて、挑戦できなくなる自分がいやだ。
- 失敗が子どもの命に直結することもあるので、絶対に失敗できないと思ってしまう。
- 厳しい先輩がいるので、注意されるのがこわくて、失敗しないようにいつもびくびくしている。

ワーク 2

失敗を語ろう

失敗経験を共有することで、失敗をオープンにしやすくするワークです。

すすめ方

1. グループでリーダーAを決め、Aから順に日常のありきたりな失敗談を話す。
2. 1と同じように、グループで仕事の失敗を順に話す。

所要時間：20分　**人数**：3人以上

ワーク 2 みんなの声

▼

- みんなも失敗してるんだなと思った。
- しっかりしていると思っていた人が、けっこうぬけていておもしろかった。
- 失敗に対する恐怖感が少しだけ軽くなった。

ワーク2のアドバイス

▶ 深刻すぎない、笑って聞けるような失敗談にするのがポイントです。「洗顔クリームで歯を磨いてしまって、まずかった！」「早番だと思い込んで早く出勤したら、遅番だった」など。自分の失敗もほかの人たちの失敗も、気楽に共有しましょう。

▶ 聞き手は、笑ったり、驚いたり、「おもしろく聞いているよ」と伝えるリアクションを意識しましょう。聞き手が話しやすい雰囲気をつくります。

ポイント

ありきたりな失敗を共有しよう。

「人に迷惑をかけない」について考えよう

　失敗へのおそれは、まわりの人に迷惑をかけたくない、という思いからきていることが多いようです。
　「人に迷惑をかけない」ことについて、ワークを通して考えてみましょう。

すすめ方

1. グループでリーダーＡを決めて、Ａが「先生の話１」を読む。
   ほかの人は、必要であればメモを取りながら聞く。
2. １人ずつ順番に、「先生の話１」を30秒くらいに要約して話す。ほかの人は、必要であれば聞きながらメモを取る。
3. １人ずつ順番に、「先生の話１」についての意見を話す。
4. Ｂが「先生の話２」を読み、**1・2**と同じようにすすめる。
5. Ｃが「先生の話３」を読み、**1・2**と同じようにすすめる。

所要時間：20分　　人数：3人以上

先生の話１

　私は、新潟の町で生まれ育ちました。高校を卒業して上京するとき、母親から２つ約束させられたことがあります。

❶政治家にはならないこと

❷人様に迷惑をかけるな

　地元にいれば政治家になる可能性が高い環境でしたので、母親は地元での就職には、ことごとく反対しました。だから、就職が決まったのは大学卒業の寸前でした。苦労して就職した出版社も半年で辞めて、東京で福祉を扱う小さな出版社をつくりました。多くの障がいをもった人たちと付き合うことで、たくさんのことを学びました。そこでわかったことは、「迷惑をかけないで生きている人はいない」ということです。何年か経って母親にそのことを伝えたら、黙ってうなずいていました。

　みなさんは、迷惑をかけないで生きている人がいると思いますか。

 先生の話2

　ある歴史学者から聞いた話です。

　江戸時代、庶民は長屋で暮らしていました。水道、トイレは共同です。そのとき、長屋では「迷惑をかけていいよ。でも、かけない努力をしようね」と、言い合って暮らしていたそうです。それがいつからか、「人に迷惑をかけてはいけない」だけが独り歩きする今のような社会になってしまいました。

　「迷惑をかけていいよ。でも、かけない努力をしようね」について、あなたはどう思いますか。

先生の話3

　ハンディキャップをもっている子どもがいました。その子はずっと寝たきりなので床ずれをおこしますから、だれかがしょっちゅうからだを動かしたり、マッサージしたりすることが必要です。家族が交代で行っていましたが、次第に難しくなり、近所の人にお願いすることになりました。

　近所の人は、初めは「ハンデのある人のためにマッサージをしてあげている」と思っていました。でも次第に、話をしながらマッサージをすることで「自分が世話をしている」から、「逆に力をもらっている」と思うように変わっていったと言います。

ワーク 3 みんなの声

● 他人に迷惑をかけてはいけないのは、当たり前の考えだと思っていた。
● 迷惑をかけてはいけないけれど、なんだか息苦しい世の中だなとは感じていた。
● 人に迷惑をかけずに最後まで生きるのは、無理かもしれない。

ワーク3のアドバイス

▶私の母親の育った時代は、「迷惑をかけないように」だけが大事にされていたので、私もみなさんもそう言われて育っていると思います。でもそれは正しくありません。江戸時代からずっと伝わってきたのは、「迷惑をかけてもいいんだよ、でも、かけない努力をしようね」ということです。人間は一生、他人に迷惑をかける生き物だと私は思っています。迷惑をかけたり、かけられたりして、ともに生きていく。そう考えると、自分にも他人にもやさしくなれるような気がしませんか。

ポイント

人は皆、迷惑をかけたり、
かけられたりして生きている。

「失敗学」から学ぼう！

　保育園では、日々さまざまな問題や事故が起きていて、時には1つの失敗が子どもの命に直結することもあります。そこで役に立つのが「失敗学」です。東大名誉教授の畑村洋太郎さんが提唱した学問で、●原因究明　●失敗防止　●知識配布が核になっています。「起こってしまった失敗に対し、責任追及で終わるのではなく、その失敗に学び、同じ失敗をくり返さないためにはどうすればいいかを考え、さらにそこで得られた知識を社会に広め、ほかでも似たような失敗を起こさないように考え、重大な失敗や事故を未然に防ぐ」というものです。ここから保育の現場で役に立つポイントを3つ紹介しましょう。

1　人間は失敗するもの

　人間のやることに完璧はなく、人間はかならず失敗する生き物です。ミスはほぼヒューマンエラーによるものだということを、まず自覚しましょう。「事故をなくそう」「失敗をなくそう」と、園が目標を掲げることで、逆に事故を隠そうとしたり、事故につながる小さなミスに目をつむってしまったりすることがあります。そのことが、取り返しのつかない大きな事故につながるのです。事故をなくそうと考えるのではなく、小さな事故で止めるためにどうすればいいかを考えていくことが必要です。

2「失敗」は確率の問題

　大きな事故(失敗)が起こるのは、確率でわかると言われています。「ハインリッヒの法則」は災害・事故ではよく知られている法則で、事故の事例の分析によって得られた、大きな事故が起こる確率です。
「1つの大きな事故の背景には、29の小さな事故があり、29の小さな事故の背景には300のケガに至らない小さな事故（異常）が存在する」というものです。

ハインリッヒの法則を知らなくて
も、「ヒヤリハット」ということば
は園でよく聞くのではないでしょう
か。ヒヤッとしたことや、ハッとし
たことを合わせてつくられたことば
です。大きな事故の背景には、300
のヒヤリハットがあると言えるで
しょう。

みなさんの園でもヒヤリハット
について毎日報告書を書いている
かもしれません。でも、そこで止まっていませんか？

園で毎日起こるヒヤリハットをハインリッヒの法則に当てはめて、同
僚や上司と話し合って気をつけようと意識することが、大きな事故を防
ぐのだと覚えておきましょう。

[ハインリッヒの法則]
アメリカの保険会社の統計分析の専門家
だったハインリッヒが、労働災害の統計か
ら導き出した、事故が起こる確率の法則。

1
大きな事故

29
小さな事故

300
ケガに至らない小さな事故

3 責任追及で終わらせない

事故が起こると、例えば「保育士Aさんの確認忘れだった」というよ
うに、個人の責任問題で終わらせることが多いかもしれません。でも、
大切なのは、事故の原因を究明することです。人間関係による情報の伝
達不足があった、家庭の事情が加味されていないシフトが組まれていた、
などがあったかもしれません。本当の原因はどこにあったのか、責任の
所在とは分けて考えないと、事故防止にはつながりません。

「人間は失敗するものだ」「失敗は確率現象である」「責任追及で終わら
せない」。この3つの失敗学のポイントを押さえつつ、ワークを通して
考えてみましょう。同僚や上司と一緒にワークを進めることで問題意識
を共有することができ、保育のプロに近づくことができます。

参考図書：畑村洋太郎『決定版 失敗学の法則』文藝春秋

4
失敗から考える

　起きてしまった事故から、失敗したあとどうするか
について考えるワークです。

すすめ方

1. グループでリーダーＡを決めて、Ａが「事例１」を読む。
　　ほかの人は、必要であればメモを取りながら聞く。

2. １人ずつ順番に、「事例１」の話を１分くらいに要約して
　　話す。ほかの人は、必要であれば聞きながらメモを取る。

3. １人ずつ順番に、「事例１」についての意見を話す。

所要時間：20分　　**人数**：3人以上

事例１　　　　　　　　　　　　屋上に子どもを残してきた事件

　とある園で、園児の父親が仕事の都合でいつもの時
間よりも早く子どもをむかえに来ました。担任の先生
は、そこでその子がいないことに気づき、大あわてで
その前までいた屋上に探しに行きました。その子は、
屋上に１人で取り残されていました。子どもは幸い無
事でしたが、私は事件の検証を頼まれました。

　この件を「担任の先生が最後に子どもの人数を数え
るべきだ」と結論づけるのは簡単ですが、それではま
た同じ失敗がくり返されると思いました。早急に正論
で片付けるのは、プロとして避けなければいけないこ

となのです。その失敗を受け止め、どうすれば失敗を
くり返さずにすむかを、しっかり考えることが重要な
のです。

　事件のあらましは、こうです。担任の新人Ａ先生、
リーダーＢ先生、Ｃ先生で、子どもたちを屋上へ連れ
ていきました。Ｂ、Ｃ先生が運動会の準備で屋上から
離れ、先生はＡ先生１人になりました。Ａ先生が子ど
もたちを連れて屋上を離れるときに、１人の子どもが
泣きました。そこで注意がそがれて、Ａ先生は、子ど
もを１人残してきてしまったのです。

　目の前に泣いている子がいたら、意識がそこにいっ
て、ほかの子どもが見えなくなるのはよくあることで、
Ａ先生はけっしてさぼっていたわけではありません。
それなのに、その園の出した結論は、「最後に、Ａ先
生が子どもの数を確認するべきだった」でした。これ
で今後、同じような失敗が防げると思いますか？　私
の出した結論はこうです。「最後に残った先生が、最
後に屋上を１周する」。

　現場にいるとわかりますが、子どもの数を数えるの
はじつに大変なことです。それよりも、先生が最後に
屋上を１周して人の目で確認をすることのほうが確実
なのです。失敗の振り返り方はとても大事です。失敗
をきちんと自分たちのものにすることが園として大切
です。そうすることが大きな事故を防ぐことにつなが
ります。

　また、失敗を的確に振り返ることができるのが、保
育のプロと言えるでしょう。

ワーク4 みんなの声

▼

● 子どもを数えるのは、たしかにものすごく難しい。

● 新人のＡ先生に任せて出ていったＢ先生とＣ先生に責任があるように思う。

● だれかに責任を押し付けて事件が終わりにならなくてよかった。

● 責任がだれにあるかよりも、どうして起きたかを考えるほうが大事。

ワーク4のアドバイス

▶ 失敗はなくなりませんが、小さな事故やヒヤリハットを、１つ１つ振り返って反省していくことで、大きな事故を防ぐことができると覚えておいて、日々実践していくことが大切です。新人保育士であっても、子どもの命を守るために絶対に忘れてはいけないことです。

▶ 重大な事件・事故の背景には、29個の小さな事件・事故が隠れていて、その小さな事件・事故の背景には300の事故寸前のヒヤリハットがかくされているという「ハインリッヒの法則」を忘れずに覚えておきましょう。

ポイント

責任追求だけでは事故は防げない。

ワーク
5

事故から考える❶

　起きてしまった事故から、なにが足りなかったのか
について考えるワークです。

<u>すすめ方</u>

1. グループでリーダーＡを決めて、Ａが「事例２」を読む。
　 ほかの人は、必要であればメモを取りながら聞く。

2. １人ずつ順番に、「事例２」の話を１分くらいに要約して
　 話す。ほかの人は、必要であれば聞きながらメモを取る。

3. １人ずつ順番に、「事例２」についての意見を話す。

<u>所要時間</u>：20分　　<u>人数</u>：3人以上

<u>事例2</u>　　　　　　　　　　火事で園を全焼させてしまった事件

　ある保育園の話。その地域ではエコな素材の廃材
チップを使ったストーブが推進されていました。手間
がかかるということで、小学校では先生の反対にあっ
て導入されませんでしたが、保育園では導入されました。
　そのストーブが使われていた２歳児のクラスは、５
年目のＡ先生、２年目のＢ先生、50代の臨時職員Ｃ
先生で運営されていました。ストーブの後始末は臨時
職員のＣ先生が主に担当していましたが、ある日、Ｃ
先生の親戚が亡くなって休むことになりました。そこ
で、Ｂ先生が代わりにストーブの後始末をすることに
なりました。

火を消してから1時間たち、ストーブの中が冷たくなっていたので、B先生は掃除機でストーブの中の灰を掃除しました。園の遅番の先生が焦げた匂いに気づいてストーブを確認しましたが、特に変わった様子もなかったのでそのまま帰宅しました。ところが、その夜、掃除機から火が出て保育園が全焼してしまいました。

ワーク **5**　みんなの声

- わからないことを聞いたほうがいいのはわかっているけど、なかなか難しい。
- 先輩に何度も確認しにくいときがある。お葬式だと、気軽に連絡もしにくいと思う。
- 役職や年齢に差があると、話しにくい。普段からのコミュニケーション不足だったのでは。

ワーク5のアドバイス

▶新人のときに大事なのは、わからないことは声に出して聞くことです。逆に、伝える側のときも、ちゃんと理解して伝えなくてはなりません。「伝える」のではなく、「伝わったか」が問われています。

▶中堅やベテラン保育士は、立場上質問しにくいと思ってしまったり、経験則からわかったような気になったりすることも多く、より注意が必要です。中堅やベテランがわからないことをていねいに確認する姿勢を新人に見せることも、とても大切なことです。

ポイント

わからないことは声に出して聞こう。

事故から考える❷

　起きてしまった事故から、失敗したあとどうするか
について考えるワークです。

すすめ方

1. グループでリーダーAを決めて、Aが「事例3」を読む。
   ほかの人は、必要であればメモを取りながら聞く。
2. 1人ずつ順番に、「事例3」の話を1分くらいに要約して
   話す。ほかの人は、必要であれば聞きながらメモを取る。
3. Aから順番に、「事例3」についての意見を話す。

所要時間：20分　**人数**：3人以上

事例3　　　　　　　　　　　　　　　バス置き去り事件

　　　3歳の園児が通園バスに閉じ込められて、熱中症で
亡くなりました。バスの運転手は園長でしたが、最後
に残っている子はいないか確認していませんでした。
また、クラスの先生も園児の不在には気づいていまし
たが、「今日は欠席」と思い込み、保護者に確認して
いませんでした。

　　近年はバスに生体反応があるとアラームが鳴るセン
サーやアプリの導入の動きがあります。また、園児に
クラクションを鳴らして助けを求める訓練を始めた園
もあります。

ワーク 6　みんなの声

▼

● 故障することもあるので、アプリやセンサーを過信しすぎる
　のは危険だと思う。人が確認するのを怠りそう。
● 職員間のコミュニケーションは本当に大事だと思う。
● 思い込みは恐ろしい。

ワーク6のアドバイス

▶「うちは通園バスがないから関係ない」と、傍観者
　になるのではなく、自分の問題として考えましょう。
　「なぜこの事故は起きたんだろう、どうしたら防げ
　たんだろう」といった危機管理を考えるくせをつけ
　ることが大切です。

ポイント

自分の問題として考えるくせをつけよう。

ワーク 7

「ワーク1 失敗はこわい？」を もう一度やってみる

　ワークを重ねたあとで、自分の考えに変化があったか確認しましょう。

すすめ方

1. 紙に今の自分の気持ちを書く。
2. グループでリーダーAを決め、Aから順に自分の考えを話す。

所要時間：20分　　**人数**：3人以上

- -

　　　　　　　　　　　　　　　　　　　　年　　　月　　　日

Q1. 失敗はこわい？　当てはまるものに丸をつけましょう。

A）こわい。どちらかというと、こわい。

B）こわいと思わない。どちらかというと、こわいと思わない。

C）その他。（よくわからない）

Q2. Q1で思った理由を箇条書きで書きましょう。

....

....

....

....

....

©新保庄三『保育のプロになるワーク30』（子どもの未来社）

ワーク7 みんなの声

- 失敗はやっぱりこわいけど、だれでも失敗する。失敗からの学びを大切にしていきたいと思った。
- 自分の失敗を振り返るのはとてもこわいし、つらいことだけど、今後改善していくために必要なことだと思った。
- 失敗の反省（振り返り）は、1人でするよりも、人の意見を聞くことで、考えが広くもてるように思った。
- 気持ちがすこし軽くなった。人に話を聞いてもらったり、意見をもらったりすることが助けになると思った。
- 失敗はやっぱりこわいけれど、失敗を振り返る勇気をもとうと思った。
- 江戸時代の長屋の話を聞いて、ほっとした。新しい先生が入ってきたら、伝えていきたい話だった。
- 失敗を認めて振り返りつつ、フォローし合える風通しのいい環境をつくっていきたい。

1章のアドバイス

▶ 失敗を振り返ることはすごくつらいことですが、勇気をもって、きちんと振り返って反省・検証することが大切です。振り返ることで、保育のプロになることができるのです。何度も言いますが、失敗しない人はいません！

ポイント

失敗を振り返る勇気をもとう。

1

失敗ってこわいよね

先輩に
聞いた!

Column

子どもっておもしろい!
保育ってたのしい! ❶

　先輩保育士に子どものおもしろいところと保育の仕事のたのしいと思うところを聞いて、壁新聞をつくりました。(ワークのすすめ方はp.88) みなさんも、子どもと保育のおもしろいところ、たのしいところをたくさん見つけてください!

先輩の声

子どものおもしろいところ

★ 想像できない発想が次々うまれて、あそびにつながっていくところ。

保育のたのしいところ

★ 自分のかかわりや提案からあそびに発展があったり、楽しさを共有できたりしたとき。

★ 子どもの成長の第一発見者になれる。

※2022年7月20日渋谷区新人保育士研修にて撮影 (渋谷区勤労福祉会館)

子どもは
あそびの天才!

2

ストレスを
解消しよう！

ストレスを
解消しよう！

　プロの保育士として働き続けるためにとても大切なのは、自分で日々のストレスをうまく解消するスキルです。まじめで熱心な保育士ほど、常に仕事の悩みや問題で頭がいっぱいで、どんどんストレスをためていき、疲れはててしまう傾向があります。そんな状態では、考えることがネガティブになりがちで、冷静な判断ができにくくなります。態度もギスギスしたものになれば、よい結果をうまないという悪循環に陥ってしまいます。

　避けては通れない日々のストレスとどう付き合い、どう解消するかのスキルを身につけましょう。自分を見つめ直すワークを通して、ストレスに根本から向き合って、すっきり解消していきましょう。

ストレスを自分で解消できるのがプロ！

　ストレスを解消する方法は1人1人違うので、正解はありません。まずは、ワークを通して自分の内面と向き合うことからはじめましょう。紙に書くことで現状や問題点を可視化して、自分の考えを整理できるようになります。

えい！

ストレス

ストレス解消法はなに？

自分のストレス解消法を書いて、整理しましょう。

すすめ方
- 8つのマスに、自分のストレス解消法を書く。

所要時間：3分　**人数**：1人

年　　　月　　　日

	自分の ストレス 解消法	

©新保庄三『保育のプロになるワーク30』（子どもの未来社）

2

ストレスを解消しよう！

ストレス解消法を
具体的に書こう

ワーク１であげたストレス解消法を、より詳しく書いていきます。

すすめ方

● 自分のストレス解消法を具体的に３つ、書く。例えば「テレビ番組を見る」場合は、何曜日の何時から、などできるだけ細かく書く。

所要時間：3分　**人数**：1人

- -

　　　　　　　　　　　　年　　月　　日

1

2

3

ワーク 1と2 みんなの声

▼

- ストレス解消のためと思ってやってはいなかったけど、仕事のことは忘れて好きなことに没頭する時間は大事だと思った。
- スイーツとラーメン屋めぐりが趣味なので、体にはよくないかもしれない。
- 球技がストレス解消になっているけど、人数がそろわないとできないので、ほかの解消法をつくりたい。

ワーク1・2のアドバイス

▶自分のストレス解消法が思いつかなかったら、p.53の「みんなのストレス解消法」を参考にしてもよいでしょう。お金がかかる、健康によくない、等々の問題点が見えてくるかもしれませんが、まずは、自分のストレス解消法を把握しておきましょう。

ポイント

自分のストレス解消法を把握しよう。

ストレス解消法を1日、1週間、1か月、1年の単位で考えよう

　ストレスは、短い期間で解消できるものと、長い期間で考えて計画を実行することで解消できるものとがあります。

すすめ方

1. 1人でやっている（やりたい）ストレス解消法を書く。
2. 家族や友人、同僚と一緒にやっている（やりたい）ストレス解消法を書く。

所要時間：20分　　人数：1人

例	1日で	1週間で	1か月で	1年で
1人で	散歩 ストレッチ お酒を飲む	ジム ヨガ 朝寝坊	ショッピング	旅行・ イベントに参加
みんなで	笑い合う	わが子と遊ぶ	外食	温泉

年　　　月　　　日

	1日で	1週間で	1か月で	1年で
1人で				
みんなで				

ワーク 3　みんなの声

▼

● 1年単位のストレス解消の予定を立てるのは、わくわくした。

● 予定を立てないと、ずるずるなにもしないまま日々過ぎてしまうので、長期の予定はしっかり立てて実現させていきたい。

● 中長期のストレス解消も大事だが、まずは毎日のストレスをコツコツ解消していきたい。

ワーク3のアドバイス

▶ ストレスはできるだけ毎日、その日のうちに解消していきたいところですが、100パーセント解消するのは難しいものです。短期で解消されず、積もっていったストレスは、中期、長期で解消していきましょう。ストレス解消の予定（好きなことをする予定）を考えるのもわくわくしてたのしいものです。

ポイント

ストレス解消の予定を立てよう。

ワーク 4

あたまのなかを整理しよう

　　毎日、仕事は山積みで、なにから手をつければいい
のかわからない！ という状態を解消するワークです。
仕事以外の予定の整理にも使えます。

すすめ方

1. マスの中心に明日の日付を書く。

2. 8つのマスに、明日やらなければいけないことを書く。

3. 次の日、マスの中心に明日の日付を書いて、今日やり残
　 したことをマスに書く。

4. 残りのマスに、明日やらなければいけないことを新たに
　 書く。

所要時間：10分　**人数**：1人

例

3月5日

本棚の 修理を 頼む	発表会の お知らせ をつくる	○○ちゃん のお迎えが 早いので 注意
16時〜 学年の クラス会議	❶明日の 日付を書く **3月6日** （月）	発表会の 飾り備品の 見積もり
○○○○ ○○○ ○○○	○○○○ ○○○ ○○○	○○○○ ○○○ ○○○

❷残りのマスに、明日やらなくては
　いけないことを書く

▶

3月6日　❹今日、やり残したことを書く

発表会の お知らせを つくる	発表会の 飾り備品の 見積もり	○○○○ ○○○ ○○○
○○○○ ○○○ ○○○	❸明日の 日付を書く **3月7日** （火）	○○○○ ○○○ ○○○
○○○○ ○○○ ○○○	○○○○ ○○○ ○○○	○○○○ ○○○ ○○○

❺残りのマスに、明日やらなくては
　いけないことを書く

	年　　　日 月 （　　　）	

	年　　　日 月 （　　　）	

悩みを可視化しよう

漠然とした悩みも、書くことで可視化されすっきりします。

すすめ方
- 仕事の悩み、仕事以外の悩みを書く。

所要時間：10分　**人数**：1人

───────────────────────────

年　　月　　日

Q1. 仕事の悩みは何ですか？

Q2. 仕事以外の悩みは何ですか？

ワーク 4と5 みんなの声

▼

- 毎日あっという間にすぎてしまうから、前の日に優先順位をはっきりさせておくのはとても使える技だと思う。
- 仕事のやり残しがあると落ち込んでいたけど、次の日に優先でやればいいんだと思った。
- 悩みとか問題とかを書くのは、ちょっと勇気が必要だったけど、やってみたらすっきりした。

ワーク5のアドバイス

▶悩みや問題を抱えていない人はいません。書くだけで、不思議ともやもやが晴れてくることもあります。

ポイント

書くことですっきり整理できる。

ワーク 6

その日の「よかった探し」をしよう

　今日を振り返って、よかったことを思い出して書きましょう。

すすめ方

● 今日、自分のまわりで起きたよかったことを、3つ具体的に書く。

所要時間：10分　人数：1人

- -
年　　月　　日

1

2

3

ワーク6 みんなの声

- よかったことはないと思ったけど、紙を前にじっくり思い出してみたら、1つだけあった。ワークを続けていくうちに、もっと見つけられるようになるかもしれない。
- この保育のワークがたのしくて、「よかった」です。

ワーク6のアドバイス

▶ 日々の保育の現場や日常生活で、よかったことに気づく名人になりましょう。「〇〇ちゃんが今日はたくさん笑っていた」「ちょっと苦手だった〇〇ちゃんの保護者とたくさん話ができた」「〇〇先生にほめられた」「園庭の木のつぼみがふくらんでいた」「お昼ごはんがおいしかった」など、ささやかなことでも立派な「よかったこと」です。

▶ いやなこと、苦手なことであたまがいっぱいの人こそ、毎日続けてみましょう。少しずつ、身近にあるよかったことや幸せに気がつけるようになります。

ストレスを解消しよう！

ポイント

「よかった探し」をするくせをつけよう。

49

ワーク
7

<u>ストレスを言語化しよう</u>

　過去のつらい思いをした経験などを文章に書いてみましょう。

すすめ方

● 過去のつらい経験をはき出すように書く。

● 一日おきくらいのペースで、数か月続ける。

所要時間：20分　　**人数**：1人

- -

年　　月　　日

....

....

....

....

....

....

....

....

....

....

....

....

©新保庄三『保育のプロになるワーク30』（子どもの未来社）

ワーク 7　みんなの声

- 中学校時代のいじめ経験を書こうと思ったけど、たくさんありすぎてまとまらなかった。
- メンタルヘルスのために病院に行くことは当たり前のこと、と聞いて気持ちが楽になった。
- たくさん書いたあとに破ったら、すっきりした。

ワーク7のアドバイス

▶つらい経験と向き合うのは、勇気のいることです。書くことで、少しずつでも発散していきましょう。もし、今現在、眠れなかったり、食欲がなくなるほどのストレスを感じていたりしたら、ためらわずに病院にかかりましょう。からだの病気と同じように、メンタルヘルスを保つために信頼できる病院や薬に頼ることは、当たり前のことです。

ポイント

つらい経験を少しずつ発散しよう。

やってみよう！ ストレス解消法

すっと気持ちが軽くなる簡単な方法を試してみましょう。いろいろなストレス解消法を参考にして、気軽に試してみましょう。

すすめ方

1. 立って背筋をのばし、じっと正面を向く。

2. その姿勢のまま、深呼吸する。（①〜③をくり返す）
   ①鼻から息を吸う（1，2）
   ②口からゆっくり息を吐く（3，4，5，6）
   ③息を止める（7，8）

3. 目を閉じて、あたまに浮かんだことを何でもよいので考える。

すすめ方

1. イスに座って背筋をのばし、あごを引いて、舌先をあごの裏の中心に軽く当てる。

2. 全身のちからを抜き、リラックスする。背中はイスの背もたれにふれないようにする。

3. レッスン1のように深呼吸をくり返す。

みんなのストレス解消法

▼

- 疲れたと思ったら、とにかく寝る。
- 休日、アラームをかけずに寝る。
- 運動して汗をかく。
- 動物とふれ合う。
- 花を部屋に飾る。
- 夜空を見上げる。
- 手をていねいに洗う。
- カラオケで大声でうたう。
- 香りのいいお茶を飲む。
- 甘いものを食べる。
- 好きなアロマオイルの香りをかぐ。
- 月に1回、マッサージに行く。
- ユーチューブを寝転んで見る。
- 新しい洋服を買って着る。
- 一駅前で降りて、ゆっくり歩く。
- 部屋の掃除をする。
- 友人とおしゃべりする。
- 好きなもの（ラーメンなど）を食べに行く。
- 泣ける映画やドラマを見て泣く。
- お笑い番組を見て、大笑いする。
- 銭湯や温泉の大きな湯ぶねにつかる。
- 苦手な人の名前を書いた紙をびりびりに破る。
- 髪を切る。髪型を変える。

年々増えている男性の保育士

男性の保育士の現状

　男性の保育士登録者の全国の累計は、2020年で8万2330人にのぼります。女性の保育士登録者数は同じ年で158万3219人なので、保育士登録者全体の約5％が男性ということになります。実際に働いている保育士の総数は63万4080人で、うち男性の数は1万9930人で全体の3％ほどになります（2020年国勢調査）。
　男性の保育士が増えてきているとはいえ、保育の現場は圧倒的に女性が中心というのが現状です。

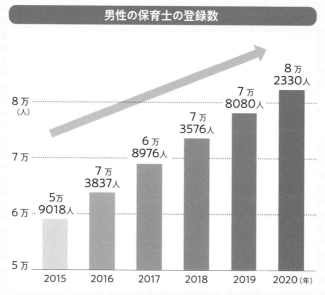

男性の保育士の登録数

- 2015年　5万9018人
- 2016年　7万3837人
- 2017年　6万8976人
- 2018年　7万3576人
- 2019年　7万8080人
- 2020年　8万2330人

※厚生労働省統計資料より作成。保育士事務登録センターに登録された数なので、実際保育士として働いている数とは異なります。

男性の保育士ならではの悩み

　男性が多い職場で女性が働きにくいことがあるように、男性保育士にもさまざまな困難があります。男性の保育士が抱える主な悩みを見てみましょう。

● 悩みを共有できる男性の同僚や先輩がいない
● 更衣室などが整っていない
● 力仕事や修理を頼まれる
● 職員（女性）の雑談に入りにくい
● 特に女児の保護者に警戒されることがある

　女児の保護者の意識を変えるには、子どもを大切にした地道な保育の実践で信頼を勝ち得ていくことと、園で話し合って無理のない体制を整えることです。男性も女性も働きやすい職場をつくるには、なにができるかを課題として共有し、考えていきましょう。

男性の保育士のよさを知ろう！

　男性の保育士が園にいることのよさは、たくさんあります。まず、男性がいることで同性ばかりの職場の雰囲気が変わります。また、男性保護者の育児参加の敷居を下げる効果があり、男児にとっても同性の保育士がいることのよさがあります。園の防犯対策にもなりますし、男性ならではの視点が園に新しい風を吹き込むことも大いに期待できます。

　男性の保育士が長く働きやすい環境を整えていくことは、園づくりの重要な課題のひとつです。

Column

子どもっておもしろい！
保育ってたのしい！❷

　先輩保育士に子どものおもしろいところと保育の仕事のたのしいと思うところを聞いて、壁新聞をつくりました。（ワークのすすめ方はp.88）みなさんも、子どもと保育のおもしろいところ、たのしいところをたくさん見つけてください！

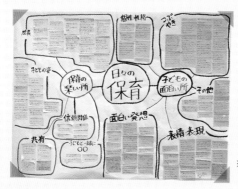

※2022年7月20日渋谷区
新人保育士研修にて撮影
（渋谷区勤労福祉会館）

先輩の声

子どものおもしろいところ

★ 大人には理解できない不思議なルールであそんでいるところ。

★ 「どうして雨さん、泣いてるの？」など、ふとしたつぶやき。

保育のたのしいところ

★ 声かけやかかわりひとつで、子どもの反応が変わっていくところがおもしろい！

子どもの発想力には
日々驚かされる！

3

コミュニケーション力を身につけよう！

コミュニケーション力を
身につけよう！

　保育は、職員と職員、職員と子ども、職員と保護者、子どもと保護者などの人間関係で成り立っています。起きてしまった事故やヒヤリハットの背景には、ほぼもれなく人間関係の問題がかくれています。個の力をつけていくのもプロの保育士として必要ですが、現場でのチーム力を高めていくことがとても大切です。

　そのためにも、まずは職員同士でコミュニケーションをしっかりとって、風通しのよい環境をづくりを目指しましょう。

人間関係を見直してみよう

　人間関係は、あいさつや身だしなみを整える、時間を守るなどの基本的なことからはじまります。自分がどのくらいできているか、できてないところはどこかを把握するところからやってみましょう。グラフで可視化することで、意識して改善していくことができます。

　つづけて、コミュニケーションを取るワークを進めます。年齢や役職がはなれている人とは、コミュニケーションを取りにくいことがあると思います。それでも、気軽にできる自分の昔話などからスタートして、弱音をはけるような関係性を築くことが目標です。職員会議などでも、新人や非正規の職員が意見を言いやすい空気が、よりよい保育の現場をつくるのです。

ワーク **1**

基本編
コミュニケーショングラフをつくろう

　自分や園がどのくらいコミュニケーションを取れているかを、グラフに書いて把握します。

3

コミュニケーション力を身につけよう！

すすめ方

1. 自分がどのくらいできているか、5段階で評価する。「笑顔」からはじめて、時計回りに評価して、線で結ぶ。
2. 園全体で考えて、どのくらいできているか5段階で評価して線で結ぶ。
3. グラフの感想を書く。
4. ほかの人とグラフを見せ合い、園で弱い部分を確認し合う。

所要時間：20分　**人数**：3人以上

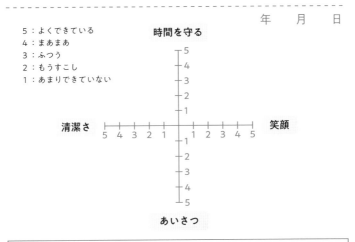

```
5：よくできている
4：まあまあ
3：ふつう
2：もうすこし
1：あまりできていない
```

年　　月　　日

時間を守る

清潔さ　　　笑顔

あいさつ

感想

©新保庄三『保育のプロになるワーク30』（子どもの未来社）

発展編

コミュニケーショングラフをつくろう

ワーク1をより発展させたワークです。

すすめ方

1. 自分がどのくらいできているか、5段階で評価する。「おしゃべり」からはじめて、時計回りに評価して、線で結ぶ。

2. 園全体で見て、どのくらいできているか5段階で評価して線で結ぶ。

3. グラフの感想を書く。

4. ほかの人とグラフを見せ合い、園で弱い部分を確認し合う。

所要時間：20分　人数：3人以上

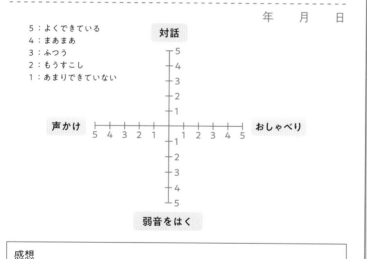

年　　月　　日

5：よくできている
4：まあまあ
3：ふつう
2：もうすこし
1：あまりできていない

対話

声かけ　　おしゃべり

弱音をはく

感想

ワーク1と2 みんなの声

▼

- あいさつは、マスクごしでも表情が伝わるようにこころがけている。
- 新人なので、特にあいさつは大切だと思っているけど、タイミングがわからないときもある。
- あいさつと笑顔はセット！
- 疲れているとき、表情がなくなっていると感じる。
- 苦手な保護者や上司を前にすると、表情がかたくなってしまう。
- グラフで、定期的に振り返って確認するのはよいことだなと思う。
- 新人だけでなく、園全体で進めたいワークですね。

ワーク1・2のアドバイス

- ▶笑顔は自然になるものではなく、「つくるもの」だと意識して、笑顔をつくりましょう。
- ▶コミュニケーショングラフは、個人個人の主観で評価します。それでも、最後に園のほかの人と見せ合うと、園全体のおおよその傾向が見えてきます。それを確認し合い、園の弱い部分を高めていくにはどうしたらよいか、皆の意識を共有しましょう。コミュニケーショングラフが大きくきれいな四角形になることを目指して、コミュニケーションを取っていきましょう。

ポイント

コミュニケーション力を定期的にチェックしよう。

ワーク 3

自己開示し合おう

　ワーク２のグラフのキーワードで、もっとも気軽にできることは「おしゃべり」です。おしゃべりからスタートして、弱音をはく、悩みを打ち明けられる関係をつくるワークです。

すすめ方

1. グループをつくり、リーダーＡを決める。
2. 話すテーマを決める。（例：自分の小学生時代、休日のすごし方、好きな映画など）
3. Ａから順に、１人１分を目安に話す。
4. １周したら、より深いテーマを決めて話す。（例：不安に思っていること、職場や家族の愚痴など）

注 話したくない、話すことが思いつかないときは「パス」してもよい。

所要時間：20分　**人数**：3人以上

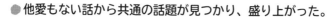

ワーク 3　みんなの声

- 他愛もない話から共通の話題が見つかり、盛り上がった。
- 年齢が離れている人とは雑談がしにくかったけど、テーマが決まっていると楽しく話し合えた。
- 他愛もない話をしたあとだと、いろいろなことが話しやすく感じた。

ワーク3のアドバイス

▶役職や年齢が離れていると、コミュニケーションを取りにくいことがあります。年長者のほうから話しやすい空気をつくるのが理想ですが、若い保育士から素直に相談されるのは、年長者や上司からするとうれしいものです。

おしゃべり	弱音をはく
ちょっとしたすきま時間に、世間話や家族の話など、他愛もないおしゃべりをしてみましょう。	弱音をはくことは、恥ずかしいことではありません。不安や困っていることを相談する人がいるのがプロの保育士です！

声かけ	対話
ちょっとした連絡事項を、まめに声をかけあって伝えましょう。	自分の意見をもち、話し合えるのがプロの保育士です。

ポイント

日頃から、気軽に話し合える関係をつくろう。

ワーク
4

自分のよいところを見つけよう

　自分の長所は、なかなか思いつかないかもしれませんが、短所なら思いつくのではないでしょうか。短所をポジティブな表現（長所）に言い換えることを「リフレーミング」と言います。リフレーミングで、自分のよいところを見つけていきましょう。

すすめ方

1. 自分の短所を書く。
2. 短所をポジティブな表現に書き換える。難しい場合は、p.70~71の表を参考にしてもよい。

所要時間：20分　　**人数**：1人

- -

　　　　　　　　　　　　　　　　　　　　年　　　月　　　日

自分の短所 ➡	言い換え（リフレーミング）

©新保庄三『保育のプロになるワーク30』（子どもの未来社）

ワーク4 みんなの声

▼

● リフレーミング例に納得した。よいことを知りました。

● すらすらリフレーミングできるようになりたい。

● 何でもかんでも言い換えると、成長できない気もした。

● 考え方次第で、短所が長所に見えてくるのに驚いた。

ワーク4のアドバイス

▶ 特に新人のときは、仕事に自信がもてないものです。そんなとき、自分にダメ出しばかりしていては、前向きに物事をとらえられなくなります。リフレーミングをうまく使いましょう。

ポイント

リフレーミングで見方を変えよう。

ワーク
5

<u>よいところから考えよう</u>

　子ども、保護者、同僚に悩まされていることもあるでしょう。まずは、その人のよいところを出発点にして、問題の解決を目指しましょう。

すすめ方

1. 自分のなかで問題になっている人物のよいところを8つ書く。[よいところ]

2. その人物の問題点を書く。すべてのマスをうめなくてもよい。[課題]

3. どうしたらよいのか、解決案をマスに書く。思いつかないときは、仲間、上司に相談して書く。[解決]

所要時間 ：20分　　人数 ：1人以上

- -

年　　　月　　　日

[よいところ]

	（　　　） さんの よいところ	

▶

[課題]

	（　　　） さんの 課題	

▼

[解決]

	どうしたら よいか	

ワーク5のアドバイス

▶苦手意識をもっている相手には、物事のすべてを悪い印象で捉えがちになります。すると、問題の解決からどんどん遠ざかってしまいます。まずは、その人のよいところをたくさん見つけましょう。ワーク3でやったように、短所（苦手なところ）をリフレーミングしてみると、よいところがたくさん見つけられるはずです。

▶問題の解決には、まわりの人たちにどんどん相談して知恵をかりてみましょう。困ったとき、悩んでいるときに相談できるのが、保育のプロです。

ポイント

リフレーミングを使って問題を解決に導こう。

ワーク
6

自分の欠点を話して、
ほかの人が言い換える

　自分の欠点をほかの人がリフレーミングするワーク
です。

すすめ方

1. Aが自分の短所を簡単に話す。（例：心配性で何度も同じことを確認してしまう、など）

2. 時計回りにとなりのBが、それをリフレーミングする。（例：しっかり仕事をする人で信頼できる、など）

3. Bが自分の短所を話す。

4. **2**、**3**をくり返していく。

所要時間：20分ほど　　人数：3人以上

ワーク
6　みんなの声

● 短所だと思っていたことを、ほめられてびっくりした。

● ワークだとわかっていても、ほめられてうれしくなった。

● 自分1人ですすめるよりも、人とすすめるほうが効果が大きいと感じた。

ワーク6のアドバイス

▶自分が欠点だと思っていたことが、ほかの人からはまったく逆に見えていることもあります。不思議なことに、「ワーク」だとわかっていても、人に自分の長所を言ってもらうことはとてもうれしく、自信になります。

ほめられると自信がつく。

短所を長所に考える例

▼

短所		長所
● 気が短い ● せっかち	→	● あたまの回転が速い ● 反応が速い ● 素早く行動できる
● 考え方が 　自己中心的	→	● 自分を大切にしている ● 人に流されない ● 自分にしっかりとした軸をもっている
● 消極的	→	● ひかえめ
● 気が小さい	→	● 繊細 ● ひかえめ
● 臆病	→	● 慎重な行動ができる
● 優柔不断 ● 行動力がない	→	● 物事をいろいろ慎重に考えている
● 決断力がない	→	● 物事をよく考えてから行動する
● 1つの失敗を 　いつまでも悔やむ	→	● しっかり反省することができる
● 集中力がない	→	● いつも新しいことを考えている
● 落ち着きがない	→	● 環境に敏感
● 時間にルーズ ● 面倒くさがり	→	● マイペース ● おおらか ● のんびり屋
● 頑固	→	● 意志が強い ● 芯が強い ● 他人に左右されない
● 飽きっぽい	→	● 好奇心旺盛 ● 新しいものに敏感

短所		長所
● 気分が顔に出やすい ● 気分屋	→	● 自分に正直 ● 素直
● のんき	→	● おおらか
● にぶい	→	● のんびり ● よく考えて行動する
● おおざっぱ	→	● 楽天的で融通がきく
● おしゃべり	→	● 社交的
● だらしがない	→	● 何事も気にせず立ち向かえる ● 自分のスタイルを通す
● 物を片付けない	→	● 自由に生活している
● 不真面目	→	● 型にはまることがきらい
● なまけもの	→	● むだなことをしない
● 長続きしない	→	● 好奇心旺盛
● ぼーっとしている	→	● 想像力豊か ● 感情的にならず冷静
● 細かい	→	● よく気がつく
● NOと言えない	→	● やさしい
● 怒りっぽい ● 気性が荒い	→	● ストレスがたまらない ● 熱意にあふれている
● 先を考えない	→	● 今を大切に生きている

3

コミュニケーション力を身につけよう！

先輩に
聞いた！

子どもっておもしろい！
保育ってたのしい！❸

　先輩保育士に子どものおもしろいところと保育の仕事のたのしいと思うところを聞いて、壁新聞をつくりました。（ワークのすすめ方はp.88）みなさんも、子どもと保育のおもしろいところ、たのしいところをたくさん見つけてください！

先輩の声

子どものおもしろいところ

★ すべてに全力！ 大人が「そんなことで？」と思うことでも、汗だくで大笑いしている。

保育のたのしいところ

★ ふだんの道も、子どもたちと歩くとすてきな発見がたくさん！ ものの見方が変わってたのしい。

★ 子どもたちが想像した世界に一緒に入っていけるところ。

※2022年7月20日渋谷区新人保育士研修にて撮影（渋谷区勤労福祉会館）

子どもは大人以上に
物事を
よく見ていると思う！

4

コミュニケーション力を
きたえよう！

コミュニケーション力を
きたえよう！

　　自分のことを話し下手だという人がいますが、聞き下手だという人はいません。でも、じつは話すよりも聞くことのほうがとても難しいのです。素直に、でも思い込みを排除して、相手の気持ちを引き出すように人の話を聞けているでしょうか。保護者や子どもが話すことを、受動的になんとなく聞いてはいませんか？

　　聞く力をつけるとコミュニケーション力が高まり、円滑な人間関係を築くことにつながります。このことは、読む力にも同じことが言えます。コミュニケーション力を高めるには、聞く力と読む力をつけることが大切です。

聞く力と読む力が伝える力をつける

　コミュニケーションは「話す・書く」などのアウトプットのスキルが注目されがちですが、正しく話す・書くには、インプット「聞く・読む」の土台が必要です。ワークを通してその土台を固めていきましょう。

聞きながら考えよう❶

正しく聞いて、考え、伝える力をきたえるワークです。

すすめ方

1. グループでリーダーＡを決めて、Ａが「事例１」を読む。
   ほかの人は、メモを取りながら聞く。

2. 時計回りにＡのとなりのＢが、聞いた話を１分で要約して話す。ほかの人は、必要であれば、追加でメモを取る。

3. 2と同じように、全員が１分で要約して話す。

4. Ａを中心に、事例１から学んだことをまとめる。

所要時間 ：20分　　人数 ：3人以上

- -

年　　月　　日

1 | メモ

2 | 1分要約を聞きながら、もれていたところをメモ

3 | グループのまとめ

4

コミュニケーション力をきたえよう！

　とある保育園で、4歳の男児AとBがあそんでいるときに、Bが小さなケガをしました。Aはあそびの場でトラブルが多く、ほかの保護者からも自分の子どもを一緒にあそばせたくないなど、心配の声があがっていました。

　Bの保護者は、Aの保護者が謝らず、声もかけてもこないことに憤っており、Aの保護者と直接話す機会をつくるように園に求めていました。そして、心配と怒りで仕事が手につかない程になっていました。一方、Aの保護者は、悪いとは思っていたものの、子ども同士のトラブルと園から説明を受けていたので、親が話し合う必要はないと考えていました。

　このトラブルは、「ママ友」のあいだでSNSで共有され、広がっていっているようです。

ワーク 1　みんなの声

- ●ポイントがたくさんあって、メモを取るのが難しかった。
- ●SNSで一方的に問題を広めるのはよくないと思うが、止められない。
- ●担任だけで問題の解決を目指すのは難しい。園で対応してほしい。
- ●話（苦情、不安）を聞いてもらうだけで、スッキリする保護者もいる。忙しくても時間をもうけて、話を聞くことをこころがけたい。

ワーク1のアドバイス

▶まずは、保護者を「クレイマー」「モンスターペアレント」扱いせずに、話すことに耳をかたむけ、不安を受け止めることが大切です。保護者同士の関係改善は難しいかもしれませんが、折を見てAのよいところをBの保護者に冷静に伝えていくことも必要でしょう。

▶子ども同士のあそびのなかで起きるケガの対応については、園で再確認するだけでなく、保護者全員にも周知しておきましょう。そして、担任であっても自分ひとりで解決しようとせず、ほかの職員と問題を共有し、場合によっては園長が対応したり、シフト以外の時間はほかの職員が対応したりすることを園で話し合っておくことが大切です。

ポイント

冷静に、保護者の不安を受け止めよう。

聞きながら考えよう❷

正しく聞いて、考え、伝える力をきたえるワークです。

すすめ方

1. グループでリーダーＡを決めて、Ａが「事例２」を読む。
   ほかの人は、メモを取りながら聞く。

2. 時計回りにＡのとなりのＢが、聞いた話を１分で要約し
   て話す。ほかの人は、必要であれば、追加でメモを取る。

3. **2**と同じように、全員が１分で要約して話す。

4. Ａを中心に、「事例２」から学んだことをまとめる。

所要時間：20分　**人数**：3人以上

- -

年　　月　　日

1 | メモ
---

2 | 1分要約を聞きながら、もれていたところをメモ
---

3 | グループのまとめ

　ある保育園で、子どもが行方不明になり、下段に扉の
ある棚の中から発見されたが亡くなったという事故があ
りました。

　事故の起きた日はプールの予定でしたが、気温が低
かったので、散歩に変更して、のこりの時間は自由あそ
びにしていました。お昼の時間になって、園児の数が合
わないことに気がつきました。探しに探して、やっと棚の
中から子どもを発見しましたが、熱中症で亡くなりました。

　そのクラスには、厳しい意見を言う保護者がいて、保
育士たちは、連日その保護者への対応でくたくたになっ
ていました。また、その保育園は、園長と保育士たちが
保育方針をめぐって対立がつづいていました。

4

コミュニケーション力をきたえよう！

ワーク2のアドバイス

▶この事例は、複数の問題がからみ合って起きてしまっ
　た不幸な事故です。メモを取ることに夢中になって、
　問題のポイントを聞き逃さないようにしましょう。
▶人間関係がうまくいっていなかったうえ、予定が急
　に変わったことで保育士の注意力がそがれてしまい
　ました。それは、ふつうに起こりうることだという
　ことを覚えておきましょう。

ポイント

ポイントを把握しながら聞こう。

ワーク 3

聞いて、正しく理解しよう

　聞いたことを思い込みで誤って理解してませんか？
聞く力をきたえるワークです。

すすめ方

1. グループでリーダーＡを決めて、Ａが「事例３」を読む。

2. ＡのとなりのＢから時計回りに、太郎と外科医の関係を
　 推測して話す。

所要時間：20分　　人数：3人以上

事例3　　　　　　　　　　　　　　　　　息子と外科医の関係は？

　ある日、父親と息子の太郎（5歳）が海へ行く途中、
太郎がオートバイにはねられてしまいました。救急車
で運ばれ、緊急手術することになりましたが、そのと
き外科医がこう叫びました。「この子は、私の子だ！」
　これはいったいどういうことでしょうか？　太郎と
外科医の関係は？

ワーク3 みんなの声

- 外科医は太郎の実の父親で、海に一緒に行ったお父さんは継父かと思った。
- 外科医はお母さんで、たまたま務めていた病院に運ばれたのかと思ったけど、母親が外科医というのは違和感があって、わからなくなった。

ワーク3のアドバイス

▶ この話の正解をお伝えしましょう。外科医は太郎の母親です。思い込みから、間違えて話を理解してしまうことはよくあります。この話では、ジェンダーバイアスがかかって、救急医や外科医は男性と思い込んでしまった人が多かったのではないしょうか。

▶ 実際、女性の医師は全体の19%ほどしかおらず、救急や外科だともっと少ないのが現状です。それでも、話を聞くときは常に勝手な解釈をしないように注意する必要があります。確信がもてないときや、わからないことは、素直に認めて質問しましょう。

コミュニケーション力をきたえよう!

思い込みを捨てて話を聞こう。

長文を読む、聞く、まとめる

長文を理解して、内容について考えをまとめるワークです。

すすめ方

[個人で]

1. 「先生の話」（p.84）を黙読する。

2. もう一度、「先生の話」を声に出して読む。読みながらポイントだと思ったところや疑問に思ったところ、読めない字や意味のわからないことばにラインを引く。

3. ラインを引いたところをノートなどに書き取る。わからないことばを調べる。

4. ポイントをまとめて書く。

[グループで]

1. リーダーＡを決め、Ａから時計回りに、小見出しごとに「先生の話」（p.84）を読む。聞いている人はメモを取る。

2. 読み終わったら、Ａから順番に１人１分を目安に要約して話す。

3. Ａを中心に、「先生の話」で学んだことを話し合い、まとめる。

所要時間：20分　　人数：1人以上

- 声に出して読んだら、格段に理解力が上がったような気がした。［個人］
- 読めない漢字がないかと、緊張した。［グループ］
- 長い文章を1分にまとめるのはとても難しくて時間切れになってしまった。［グループ］

ワーク4のアドバイス

▶ 長い話を一字一句メモを取るのは不可能です。ふだんから、要点をメモするくせをつけましょう。わからない漢字や表現は自分で調べ、内容が理解できないときは、先輩に質問してみましょう。わからないことを、素直に聞くことができるのがプロの保育士です。

長い文章を読むことに慣れよう。

コミュニケーション力をきたえよう！

先生の話

コロナ禍がもたらしたストレス

　昨年5月の緊急事態宣言解除後から、複数の園を定期的に巡回し、多くの保育士や園長との面談を行いました。やはりコロナ禍が現場にもたらしたストレスは大きく、消毒などの作業が増えたことや、これまでの経験では測れない事態への対処など、多くの保育士の苦労が声として上がっていました。

　そんななかで、一番ストレスではないかと感じたのは、保育士同士で雑談できない、ちょっとした不安を聞いてもらう時間がない、ということでした。

　定期的に面談を重ねていくと、はじめはコロナについて「相談」していた保育士や園長先生から、「雑談」という形で、普段から抱えていた個々の悩みがボロボロと出てきたのです。例えば、職場の人間関係や保護者とのかかわりなど、どの悩みも一人で抱えるには大きな問題ばかりでした。

　ある園では昨年4月に入った新人保育士に対し、コロナ禍では不安だろうと気遣って、出勤を強要しなかったそうです。すると、現場に出ず、職員との接触もわずかになったことが、逆に新人保育士を不安にさせてしまった。そこで、思い切って毎日出勤してもらい、職員とのかかわりを増やしたら、表情が明るく変化したそうです。誰とも話せない状況は、保育士にとっても大きなストレスになるのです。

悩みがなくても話ができる場を

　つまり、今回の巡回でわかったことは「悩みがあったら話をする」ではなく、「悩みがなくても話をする」場が大事だとい

うこと。悩みがなければ相談できない、というのはハードルが高すぎます。また、本人は「悩み」と認識していなくても、話を聞くうちに聞き手が問題に気づくこともできます。

　こういった「話を聞く場」は「週1回、なにもなくても開催」というように、機械的に時間と場をつくっていくしかありません。職員一人一人のメンタルヘルスを大事にする上で、園の管理者には、ぜひ実践してほしいです。

　ではどうやって話を聞くのか、その際、ぜひこころがけたいのが、相手の話にかぶせて自分の意見を言うのではなく、自分の立場を横に置き、ただただ聞かせてもらう、ということです。

　園長や主任、リーダーとの面談となると「なにか言われるのではないか」と構えてしまいがちです。そこへ「言ってごらん、聞いてあげる」という姿勢で臨んだら、相手の気持ちを引っ張り出すことはできません。こころを真っ白にして、「自分はよく分かっていないので、よかったら聞かせてください」と相手に尋ねていく姿勢が大事です。

相手のプライドを大切に

　こうした「聞かせてもらう」姿勢は、相手のプライドを大事にし、互いの存在を認め合うことにもつながります。職場の人

間関係は、保育士のストレスの原因のなかで大きいですが、人間関係のトラブルの原因は「プライドを傷つけること」、これに尽きます。人によって、なにに対してプライドをもっているかは異なりますが、どの人のプライドも間違いなく傷つけるのは相手の意見を否定することです。

　人にはそれぞれの境遇や経験を踏まえた考え方があり、自分の考えが正しいと思っています。それぞれの意見をもつに至った背景を受け止め、理屈にこだわるのではなく、柔軟に捉えて行くことも必要ではないでしょうか。

　そして、相手をもっとほめること。巡回でも、保育士たちの認められたい、という思いはひしひしと伝わりました。

　とはいえ、自分とは異なる意見を柔軟に受け止めるのは難しいこと。そこで、コミュニケーションの土台として、まずは意見を「○×」で判断することをやめてみてはどうでしょうか。

　例えば、ある園では、コロナ禍で運動会をやるかどうかを判断する際、「やる（○）」「やらない（×）」で意見が割れましたが、発想を変えて「1週間毎日1競技ずつやる」という、○でも×でもない、別の結論に達しました。

　あるいは、保育士同士の「保育観の違い」を例にしてみましょう。ある人は子どもの育ちにとって「○が大事」と思うが、別の人は「△が大事」と思う。○と△を大きな違いと捉えて、どちらが正しいか、正しくないかで判断していませんか？　でも互いの意見を一緒に吟味すれば、「○とも△とも異なる□」という考えがうまれるかもしれません。こういった柔軟な捉え方ができるようになるためには、やはり普段から職員同士で雑談して、互いの存在を認め合い、相手の思いを知ること。結局、

これに尽きますね。

自分なりのストレス解消法をもつ

　今回の巡回面談では、特に若い世代が強いストレスをためていると感じました。そのストレスの多くは、失敗することへの不安でした。現代は、うまく失敗しにくい時代です。経済が右肩上がりだった頃に比べてみると、今は「今日失敗したら、明日どうなるか分からない」状況もあります。特に若い世代は、ずっとそんな空気感のなかで育ってきています。それなのに「失敗を恐れるな」とただ言うのは、突き放したも同然。失敗を受け止めてもらえる安心感、不安なら一緒にやってもらえる体制が伴っていなければなりません。

　同時に自分なりのストレス解消法をもとう、若い世代に伝えることも大事です。私が行っている新人研修ではなにをさておき「自分のストレス解消法をつくる」という課題を行います。ストレス解消の工夫をせず、プライベートにまで仕事の悩みを引きずると、やがて自分自身を潰してしまうからです。

　オンオフを切り替える儀式をもったり体を動かしたりして、あれこれ考えない時間をつくる……単純に思えるかもしれませんが、仕事をする上でとても大事なことです。もちろんこうしたストレス解消法を行っても解決できない悩みはあります。そうなったら、ためらわず専門家に頼れる環境も大事です。

　でもまずはメンタルの状態を良好に保てるように、自分なりに、そして職員同士でできることを行うことが大前提。ストレスに向き合うことは、いい保育をするためにも、保育士にとって大切なテーマなのです。

コミュニケーション力をきたえよう！

初出「ほいくあっぷ」2021年6月号（Gakken）に加筆・修正しています。

壁新聞をつくろう

「子どもっておもしろい・保育ってたのしい！」とい
う思いを壁新聞に表現してみましょう。

すすめ方

1. グループをつくり、2週間な
ど期間を決めて、先輩や上司
に、「子どもっておもしろい・
保育ってたのしい！」と思う
ことを聞いて、付箋に書き集
めていく。

2. **1**の付箋を持ちより、大きな紙で壁新聞をつくって貼る。

所要時間：20分　　**人数**：3人以上

ワーク5のアドバイス

▶壁新聞に決まりはありません。自由な発想でつくり
ましょう。イラストを中心につくってもよいですし、
ちょっとしたしかけをつくってもよいでしょう。
右ページは、実際に新人保育士の研修でつくっても
らった壁新聞です。同じテーマでも、グループによっ
てまったく違っていておもしろい！　この新聞づく
りは、先輩や上司とのコミュニケーションづくりに
も役立ちます。発展形として、保護者に聞いてみて
新しい壁新聞をつくってみてもよいですね。

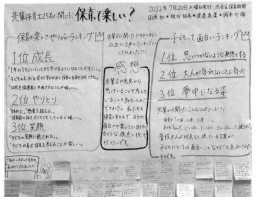

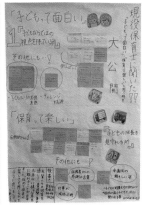

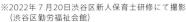

※2022年7月20日渋谷区新人保育士研修にて撮影
（渋谷区勤労福祉会館）

※p.36、56、72、90、110でも紹介しています。

先輩に
聞いた！

子どもっておもしろい！
保育ってたのしい！❹

　先輩保育士に子どものおもしろいところと保育の仕事のたのしいと思うところを聞いて、壁新聞をつくりました。（ワークのすすめ方はp.88）みなさんも、子どもと保育のおもしろいところ、たのしいところをたくさん見つけてください！

※2022年7月20日渋谷区新人
　保育士研修にて撮影（渋谷区
　勤労福祉会館）

先輩の声

子どものおもしろいところ

★ 園庭で、汗だくになりながら見えない敵とたたかっていた！

★ ごっこあそびをしているとき、先生ではなく、その世界の役で接してくれる。

保育のたのしいところ

★ 子どもの昨日と違うところを共有できるのが、たのしい！

★ 子どものとびきりの笑顔を見られるところ。

子どもの成長を
身近で見られるって、幸せ！

5

子どもの権利を
保育に活かそう！

5

子どもの権利を
保育に活かそう！

　みなさんは、日々子どもと接するなかで「人権」を
意識したことはありますか？　子どもが危ないことを
したとき、ごはんを残したとき、着替えをするとき、
あるいは虐待の形跡が見られたとき……。保育のプロ
として長く続けていくには、毎日、自分の人権意識を
更新しながら子どもと接する必要があります。人権意
識を高めていくことで、子どもとの向き合い方が変
わっていくのです。

　人権および子どもの権利について学び、具体的にど
のように人権意識を保育に活かしていけばよいか、
ワークを通して学んでいきましょう。

人権と子どもの権利

　人権は、「すべての人が生まれながらにしてもつ人として当たり前の
権利」というヨーロッパでうまれた考えで、18世紀のアメリカの独立
宣言や憲法、フランスの人権宣言にもその考えが盛り込まれました。し
かし、植民地の人びとや先住民、奴隷、障がい者、女性や子どもなどの
存在は、その考えに含まれていませんでした。

　その後、第二次世界大戦後の1948年、国連で「世界人権宣言」が採
択され、世界で共有されました。世界人権宣言の前文には、「人類社会
のすべての構成員の固有の尊厳と、平等で譲ることのできない権利とを

承認することは、世界における自由、正義及び平和の基礎である」とあります。人権は世界共通の基準となったのです。

　ただし、人種差別や性差別などの問題は、すぐに解消されたわけではありません。1950年代ごろからさまざまな権利を求める大きな運動がはじまり、現在もつづいています。

「子どもの権利条約」の誕生

　1950年代にさまざまな差別反対運動などが盛り上がるなか、子どもの問題を法で守る機運も高まっていきました。その中心になったのはポーランドで、「児童の権利に関する宣言」の条約化を国連に提案しました。そして、1979年に「国際児童年」が制定され、1989年には児童の権利に関する条約「子どもの権利条約」が国連で採択されたのです。

　日本が子どもの権利条約を批准（ひじゅん）したのは1994年で、世界に遅れて158番目の批准国になりました。日本には「子どもに権利など必要ない」「子どもには権利より義務が必要」という考えが根強くありましたが、それでも、子どもにかかわる多くの人たちが全国で声をあげ、批准にたどり着いたのです。

子どもの権利をどう保育に活かすか

　ワークを通して子どもの権利について考え、保育に活かす道をプロとして考えましょう。今の時代、子どもの権利や人権について自分の頭で考えることは必須です。子どもの権利を実践する場としての保育園・幼稚園をとらえ直してみましょう。これは保育のプロとして、とても大事な視点です。

保育に活かす子どもの権利とは？

　保育士が子どもと接するときに、特にこころにとめておきたい「子どもの権利条約」の条項を紹介します。当たり前のことばかりのようですが、案外実現できていないことも多いのではないでしょうか。子どもの権利条約の抄訳は、p.122〜にあります。しっかり読んでおきましょう。

保育士が特に知っておきたい子どもの権利条約

第12条　意見を表す権利
→ 子どもの気持ちを確認していますか？

第13条　表現の自由
→ 子どもは思いを自由に表現する権利があります。

第14条　思想・良心・宗教の自由
→ 宗教の問題は近年大きな問題になっており、注視していく必要があります。

第16条　プライバシー・名誉の保護
→ 家庭環境などの個人情報を守ってますか？ また、子どもは他人からプライドを傷つけられない権利があります。

第19条　あらゆる暴力からの保護
→ 子どもが虐待されている疑いがあるときは、国・社会が守らなければなりません。幼児にとって、社会のかなめは保育園です。

第23条　障がいのある子ども
→ 障がいのある子どもは尊厳が守られ、適切な教育やサービスを受ける権利があります。

第24条　健康・医療への権利
→ 子どもは必要な医療や保健衛生サービスを受ける権利があります。

第31条　休み、遊ぶ権利
→ たっぷりあそんでいますか？ あれもこれもと毎日つめこんでいて休息時間がなくなっていませんか？

第39条　被害にあった子どもの回復と社会復帰
→ 虐待などで傷ついた子どもは、適切な医療を受けて心身の傷をいやし、社会に戻る支援を受ける権利があります。

資料提供：日本ユニセフ協会

子どもの権利とコルチャック先生

子どもの権利条約は、ポーランドが中心になってつくられたと伝えましたが、それには、コルチャック先生とよばれた人物が大きくかかわっていました。小児科医、児童文学作家、教育者だったヤヌシュ・コルチャックは、孤児院をつくり、自身が書いた「子どもの権利の尊重」に基づいた教育を実践しました。戦後、コルチャックは亡くなっていましたが、ポーランド政府は彼のこの考えが世界に共有されることを願って国連に提起したのです。

コルチャックの考えた「子どもの権利の尊重」を見てみましょう。国連の子どもの権利条約に大きな影響を与えているのがわかります。

子どもの権利を保育に活かそう！

- 子どもは愛される権利をもっている。自分の子どもだけでなく、他人の子どもも愛しなさい。愛は必ずかえってくる。
- 子どもを一人の人間として尊重しなさい。子どもは所有物ではない。
- 子どもは未来ではなく、今現在を生きている人間である。十分に遊ばせなさい。
- 子どもは宝くじではない。一人一人が彼自身であればよい。
- 子どもは過ちを犯す。それは子どもが大人より愚かだからではなく、人間だからだ。完全な子どもなどいない。
- 子どもには秘密をもつ権利がある。大切な自分だけの秘密を。
- 子どもの持ち物を大切に。大人にはとってつまらぬものでも、持ち主にとっては大切な宝。
- 子どもには自分の教育を選ぶ権利がある。よく話を聞こう。
- 子どもの悲しみを尊重しなさい。たとえ失ったおはじき一つであっても。また死んだ小鳥のことであっても。
- 子どもは不正に抗議する権利をもっている。圧政で苦しみ、戦争で苦しむのは子どもたちだから。
- 子どもは自分の裁判所をもち、お互いに裁き裁かれるべきである。大人たちもここで裁かれよう。
- 子どもは幸福になる権利をもっている。子どもの幸福なしに大人の幸福はありえない。

資料提供：日本ヤヌシュ・コルチャック協会

自分の子ども時代について話そう

自分がどんな子どもだったかを思い出すワークです。

すすめ方

1. リーダーAを決めて、Aから自分の子ども時代について話す。1人2分ほど。

2. 時計回りに、全員が同じように話す。1人の話が終わったら、質問したり、感想を言ったりしてもよい。

注 話したくない人は、話さなくてもよい。

所要時間：20分　**人数**：3人以上

みんなの声

⬤ 地方特有の話だったようで、興味をもって聞いてもらえた。

⬤ 人の話を聞いているうちに、子ども時代のことをいろいろ思い出しておもしろかった。

⬤ 一人っ子がめずらしい時代（地域）だったのでいやだったことを話したけど、今ではむしろ一般的。

⬤ 今の子どものほうが幸せな時代に生きていないように思えた。

⬤ 自分が大好きだった絵本を、今、仕事の場で読み聞かせしている。時代は変わっても、子どもが好きなものは変わらないのではないか。

今の子どもたちとくらべて、物もやることも少なくてシンプルな生活だったけど、その分、しっかり楽しくすごしていたような気がする。

ワーク1のアドバイス

▶ 自分の子ども時代と今は、変わらないことも、大きく変わったこともあるでしょう。子ども時代を思い出すと、必然的に今の子どもたちに目が向いていきます。

▶ 話しやすい年齢の近い職員とばかり話していませんか？ 年齢や生まれ育った地域がさまざまな人たちとグループをつくると、発見がたくさんあって視野が広がります。

▶ 子ども時代を思い出すことによって、当時、自分は人権を侵害されていたんだと気づく人がいるかもしれません。自分の感情をどうしたらよいかわからなくなったら、カウンセラーや臨床心理士などの専門家に相談するのもひとつの方法だと覚えておいてください。

ポイント

いろいろな人の子ども時代の話を聞こう。

子どもの現状について考えよう

先生の話から、今の子どもたちの置かれているようすについて、子どもの権利・人権の観点から考えるワークです。

すすめ方

1. グループでリーダーＡを決めて、Ａが「先生の話」を読む。
2. Ａから時計回りに、３つの話について意見を言う。

所要時間 ：20分　　人数 ：3人以上

 先生の話

1）ある親が、０歳児の子どもを朝は保育園へあずけて、昼前にむかえにやってきて塾へ連れていき、塾が終わったら保育園へ戻ってまた子どもを閉園時間まであずけていました。その保育園の園長先生は、その子どもをあずかることを拒否しました。

2）毎年、年末年始はハワイへ家族旅行に行く３歳の子どもがいました。その子はハワイに行っても、ほとんどの時間をホテルの託児所ですごしていました。

3）学童保育が、22時を過ぎても、まだ開いています。

ワーク **2** みんなの声

幼児のときの詰め込み学習は、あまり意味がないと思っている。

「子どもはあそぶのが仕事」というのは死語なんでしょうか。

子どもの寝る時間が遅くなっているのはたしかだと思う。

親も生活のために必死。夜が遅くなるのも仕方ないのが現状。

大人の働き方を変えないと、子どもの生活も変えられない。

「子どもの権利条約」に照らして考えると、子どもの権利、人権が守られてないと思った。

夜に働く親もいるので、24時間保育を悪く言うのはおかしいと思う。

共働き家庭に合わせることを優先させすぎているのでは。

ワーク2のアドバイス

▶ 日本が「子どもの権利条約」を批准してもうすぐ30年になります。日本には今現在、徴兵制がありませんし、国内で戦争・紛争も起きていません。それでも、はたして日本の子どもたちは幸せだ、子どもの権利は保障されていると言えるでしょうか。そのことを常に考えながら、子どもと向き合っていきましょう。

ポイント

子どもの権利・人権の観点で考えよう。

理想の子ども時代ってどんな時代？

子どもにとって最良と思う状態について考えるワークです。

すすめ方

1. 8つのマスに、理想の子ども時代を書く。
2. グループでリーダーAを決めて、Aから順に時計回りに発表する。

所要時間：20分　人数：3人以上

年　　月　　日

	私の理想の 子ども時代	

▼

- 親をはじめとした大人への絶対的な信頼感のあるなかでくらすこと。
- 親、先生たちに無条件で愛されること。
- 衣食住に困らないくらし。
- 差別がないこと。
- 思いきりあそべる子ども時代が理想。
- 当たり前のことが現代では「理想」になっている。

ワーク3のアドバイス

▶ 当たり前だと思っていたあなたの子ども時代が、現代では「理想」になっていることに気がついたのではないでしょうか。

▶ 子どもの家庭環境などを変えることは、みなさんにはできません。それは、行政の仕事です。保育のプロとして、できることとできないことの境界をもうけないと、燃えつきてしまうので、注意する必要があります。それでも、みなさんが出し合った理想の子ども時代になっていないと思うところがあるならば、どんなことが保育園としてできるか、園で話し合ってみましょう。

 ポイント

「理想」を目指して、できることを話し合おう。

子どもの権利を保育に活かそう！

101

保育の現場で考えよう

事例から、実践できる子どもの権利を尊重する保育を考えるワークです。

すすめ方

1. グループでリーダーAを決めて、Aが「事例1」を読む。ほかの人は、必要であればメモを取りながら聞く。

2. 1と同じように、Aから時計回りにとなりのBが「事例2」を読む。

3. 時計回りにBのとなりのCから、事例の感想や意見を話す。

所要時間：20分　人数：3人以上

事例1　　　　　　　　　　　　　　　　　　　犯人さがし事件

　ある保育園で、4歳児担当のベテラン保育士が、ごみ箱にぞうきんが捨てられているのを見て、「だれがやったの？」と、犯人さがしをはじめました。Aくんが「ぼくがやった」と言ったけど、話を聞くと違っていました。犯人さがしの時間は、45分にもなりました。子どもが「もう園に行きたくない」と親に話したことでこの問題が表に出ましたが、その保育士は「子どものしつけのためにやった」と言いました。この保育士は、以前にも何度か同じような問題を起こしています。

事例2

　ある保育園で歩けるようになった1歳児が、砂場で下半身の半分くらいまで埋められていました。子どもと担任の保育士がその子に砂をかけていたのです。1歳児の子どもは、いやがっていました。

　そのようすを見た先輩保育士が「なにをしてるの」と言っても、砂をかけ続けていました。その場にいた嘱託の保育士が「これは虐待ではないか」と訴えたことで、問題が表面化しました。担任の保育士は、「その部分だけを切り取って虐待と言われるのは心外です」と言いました。

　この問題が行政にあがってきて、私（新保先生）も検証に参加しました。話の流れが「虐待ではない」という方向になっていたところで、私が「それだけ虐待ではない自信があるなら、同じ状況をつくり、録画して、その子の保護者に判断してもらいましょう。保護者が虐待と言ったら、その責任は先生方で取ってください」と言うと、その場にいた全員が下を向きました。

子どもの権利を保育に活かそう！

- 「いい先生（やさしい）、わるい先生（こわい）」という役割ができがちな気がする。
- 「虐待」は、もっと暴力的な行為を指すことばだと思ってたのでショックだった。
- 自分にも他人にも厳しい先生はいる。新人なのでなにも言えないが、このワークを一緒にやってみたい。
- 帰るまでに、怒った子どもをフォローするのは難しいと思ったが、やってみます。

ワーク4のアドバイス

▶ 怒ったり大声で注意することもあるでしょう。でも、30秒以上はだめです。それ以上は、子どもの権利の侵害です。自信がなかったら、ストップウォッチを使いましょう。そして、大切なのは、子どもが帰る前に「怒ったけど、大好きだよ」と、その日のうちに愛情を伝えて関係を修復しておくことです。

▶ 虐待かどうかは、保育士の判断でできることではありません。子どもや保護者が虐待と考えたら、それは虐待です。自分の考えではなく、子どもと保護者の立場で考えなくてはなりません。

ポイント

なにが虐待にあたるのか考えてみよう。

どこからが虐待なのかを考える

「虐待」は、身体への明らかな暴力やネグレクト（無視、食事を与えないなど）だと考えている人がいるかもしれませんが、それは違います。例えば、以下のような例は虐待でしょうか。

● 子どもの呼び方が、あだ名、呼び捨て、くん・ちゃん呼びなど、混在している。

● 子どもの身体的な特徴を「ちょっとした冗談」にしてみんなで笑う。

● 障がいのある子どもに、ほかの子どもに追いつけるように指導する。

● からだをぽんと軽くたたいたり、さわったりする。

● 子どもが危ないことをしたら、時間をかけて説教をする。

　答えは、すべて「状況によるが、虐待（子どもの権利を侵害している）の可能性が高い」です。この程度のことが虐待なんて、と思うかもしれませんが、その自分の判断基準は思い込みかもしれないと、気づくことが大切です。

　近年、保育士による虐待が大きな問題になっています。詳しく検証してみると、問題になった保育士には悪意がないどころかむしろ教育熱心で、「小学校で困らないように」「コミュニケーション」「スキンシップ」と考えていたことがほとんどです。それでも、その子ども本人や子どもの保護者はどう思うでしょうか。

　虐待かどうかは、子ども本人と保護者の視点で考えないと、非常に危険です。このことを、常に念頭においておきましょう。

虐待が疑われるときは……

　子どもに虐待のあとが見られたら、すみやかに上司に伝えましょう。虐待を通報することは、「虐待防止法」（児童虐待の防止等に関する法律）ですべての人に定められている義務です。子どもと接する時間が長い保育士・教職員には、早期に発見する努めも課せられています。虐待は子どもの心身の成長を妨げ、場合によっては命にかかわります。ためらわずに、児童相談所や福祉事務所へ連絡または相談してください。

　明らかに家庭で虐待を受けていても、家に帰りたいと言う子どももいます。それでも、保育士は、その子どもの命を守らなければなりません。虐待の確証が得られない場合や、保護者との関係悪化を心配して通報をためらうことがあるかもしれませんが、虐待が疑われる場合は、ためらわずに通報しなければなりません。この場合、守秘義務違反には問われません。このことは、園内でしっかり確認しておきましょう。

　通報や相談をしやすいように、日ごろから児童相談所や福祉事務所と連絡を取り合っておくことも大切なことです。

「子どもではない──そこにいる のは人間です」から考えよう

コルチャック先生の考えから、ポーランドではスローガンにもなっているこの文から、子どもについて改めて考えるワークです。

すすめ方

1. 8つのマスに、自分の考えを書く。

2. グループでリーダーAを決めて、Aから順に時計回りに発表する。

所要時間：20分　　**人数**：3人以上

子どもの権利を保育に活かそう！

年　　月　　日

	子どもではない ──そこにいる のは人間です	

ワーク5 みんなの声

- 子どもは子どもだと思っていたので、はっとした。
- 子どもも人権をもった1人の人間ということ。
- 大人は子どもよりも知識と経験があるというだけで、あとは同じ。
- 「子ども」だと思って、子どもに敬意を払わない大人が多い。
- 「子ども扱い」は子どもに失礼なのではと思った。

ワーク5のアドバイス

▶ 正解があるワークではありません。ただ、子どもの権利・人権を大切にして保育をしていくうえで、「子どもではない──そこにいるのは人間です」は、ずっとこころにとめておいてもらいたい一文です。

毎日、子どもの権利・人権について考えよう。

コルチャック先生とワイダ監督

コルチャック先生

コルチャック先生

ヤヌシュ・コルチャックは、ユダヤ人で、p.95にあるように、ポーランドの小児科医、児童文学作家、教育者でした。孤児院で「子どもの権利の尊重」という考えに基づいて教育を実践していましたが、第二次世界大戦中にトレブリンカの絶滅収容所に孤児院の子どもたちとともにおくられ、そこで亡くなりました。助命の機会があったにもかかわらず、断って子どもたちと共にトレブリンカに向かったのです。コルチャックの人生は、書籍や映画になっています。子どもと日々向かい合っているみなさんには、ぜひ、より詳しく知っていただきたいです。きっと、保育のプロになるための大きな指針になるでしょう。

コルチャック先生とワイダ監督

私がコルチャックを知ったのは、ワイダ監督による映画『コルチャック先生』からです。ワイダ監督は『地下水道』『灰とダイヤモンド』などで世界的に知られるポーランドの映画監督です。長年、子どもの命と健康を守ることをテーマに仕事をしてきた私は、映画を観て大きな感銘を受けました。そして、1995年、私はワイダ監督に会う機会を得ることができました。

ワイダ監督と話をして、映画をつくった理由は、コルチャックが後世に伝えていきたい人物であること、ポーランドは元々ユダヤ人が多く軋轢があったが、異なる民族が協調し

ワイダ監督と私

あってくらすことをコルチャックが目指しており、その考えを伝えたかったということなどがわかりました。

子どもの権利を学ぶ基本となる、コルチャックと子どもたちを描いた『コルチャック先生』は、特に観ておきたい映画です。

子どもの権利を保育に活かそう！

先輩に聞いた！

Column

子どもっておもしろい！
保育ってたのしい！❺

　先輩保育士に子どものおもしろいところと保育の仕事のたのしいと思うところを聞いて、壁新聞をつくりました。（ワークのすすめ方はp.88）みなさんも、子どもと保育のおもしろいところ、たのしいところをたくさん見つけてください！

先輩の声

子どものおもしろいところ

★ 大人には当たり前のことが子どもには発見で、そのときに発することばが新鮮！

保育のたのしいところ

★ 自分が何気なく発したことばを子どもがくり返し口に出していて、ことばを吸収している姿に成長の一場面を見た気がした。

★ 子ども同士のケンカを見守り、気持ちをことばにする手伝いをしたら、前よりもずっと仲良くなった！

※2022年7月20日渋谷区新人保育士研修にて撮影（渋谷区勤労福祉会館）

子どもの素直な反応に、
教えられることも多い。

6

まとめ・
知識を実践に

6

まとめ・
知識を実践に

> 　1章から5章まで、プロの保育士としてのスキルを高めるさまざまなことをワークを通して学んできました。どれも大切なことばかりですが、学んだことが単なる知識で終わらないように、日々の保育の実践に活かしていきましょう。

保育のプロを目指して

　保育の仕事はとても忙しくて、毎日があっという間です。それでも、オンとオフの切り替えをしっかり行うことで、子どもたちに向き合う余裕がうまれてきます。1章〜5章で学んだことを毎日の予定に組み込んで、特に次のページの10のポイントを確認しながら、実践していきましょう。

保育のプロの１日
10のポイントをチェックしよう

保育のプロとして、忘れずに毎日確認しておきたいチェックポイントです。

すすめ方

● できているところにチェックを入れる。

所要時間：2分　　人数：1人

年　　月　　日

- [ ] 1. 鏡を見て笑顔をつくる
- [ ] 2. 朝食はしっかりとる
- [ ] 3. 出勤したら、あいさつ＋ひと言
- [ ] 4. 仕事中には「声かけ」をこころがける
- [ ] 5. ひとときの雑談タイムをとる
- [ ] 6. 大切なことは口に出して話す
- [ ] 7. おむかえ時間も、あいさつ＋ひと言
- [ ] 8. 「感謝」とともに仕事を終える
- [ ] 9. 自分自身のケアをする
- [ ] 10. たのしいことを考えてから寝る

©新保庄三『保育のプロになるワーク30』（子どもの未来社）

まとめ・知識を実践に

保育のプロになれる！ １日の流れ

起きてから寝るまでの１日の流れを確認しましょう。

6:00

起きたら鏡を見て笑顔をつくる

笑顔は「つくるもの」です。
朝一番に意識して、「よい笑顔だな」
と思う笑顔をつくってみましょう。

> よく眠れましたか？
> いい笑顔は
> つくれましたか？
> こころが疲れていると、
> どちらも
> うまくできません。

7:00

朝ごはんをしっかりとる

食生活はとても大切です。子ども
たちと向き合う前に、しっかりエ
ネルギー補給をしましょう。

> 食欲はありますか？
> 体調はどうでしょう？

7:30

今日することの確認

朝のうちに、今日仕事で進めるこ
とや仕事以外の予定の確認をして
おきましょう。
あわてることなく、子どもたちに
向き合えます。

p.44 ワーク４を活用しよう！

本棚の修理を頼む	発表会のお知らせをつくる	○○ちゃんのお迎えが早いので注意
16時～学年のクラス会議	3月6日（月）	発表会の飾り備品の見積もり
○○○○○○○	○○○○○○○	○○○○○○○

8:00
出勤したらあいさつ＋ひと言

職員や子ども、保護者と顔を合わせたら、
「名前＋あいさつ＋ひと言」を鉄則にして、
声がけしましょう。名前を最初に言うこと
で、ちゃんと自分を見てくれていると相手
が感じ、信頼感が高まります。苦手な人に
こそ、積極的なあいさつをこころがけま
しょう。

Aさん、
おはようございます！
今日はいいお天気ですね。

10:00
仕事中は「声かけ」をこころがける

簡単な連絡こそ、しっかり声をかけ合いま
しょう。
ささいなことと思われるようなことでも
「いいですね！」と相手をほめたり、共感
を伝えたりしましょう。

B先生、Cくんのお着換えを
取りに行くので、少しの時間、
部屋を出ます。
よろしくお願いします！

は
い

11:00
注意！ 怒るときは30秒以内に

大声で怒らないように気をつけましょう。
30秒以上怒りつづけないように、腕時計
などで時間を把握するくせをつけましょう。

13:00

休憩時間は雑談と息抜きを

好きなドラマの話、世間話など、仕事と関係ない話を職員同士でする時間はコミュニケーションの土台になる大切な時間です。

また、呼吸を整えるだけでもリラックス効果があります。ためしてみましょう。

p.52 ストレス解消のレッスン1、2はどこでも簡単にできます。

14:00

大切なことは話し合う

保育に関することは、1人で決めずに、職員同士でじっくり話し合いましょう。ためこまないように弱音をはいたり、困ったときにすぐ相談したりしましょう。

15:00

子どもに笑顔を

時間は関係ありませんが、1日1回は、子ども一人一人に笑顔で接しましょう。せいいっぱい愛情を伝えましょう。

17:00

おむかえのときもあいさつ＋ひと言

朝と同じく、「名前＋あいさつ＋ひと言」を習慣にして声がけしましょう。
苦手な保護者にこそ、自分から積極的にコミュニケーションをはかって
みましょう。職員同士でも「名前＋あいさつ（おつかれさまでした）＋
ひと言」を忘れずに。

18:00

感謝とともに仕事を終える

「朝、Ａちゃんのお母さんが機嫌が悪くて心
配したけど、Ｂ先生がフォローしてくれて助
かったな」など、１日を振り返って、感謝の
気持ちで仕事を終えましょう。

21:00

頭のなかを整理して、自分自身をケアする

帰宅したら、自分自身のための時間をかならずも
ちましょう。今日できなかったこと、明日しなく
てはならないことを整理したり、ストレス解消や
リフレッシュしたりしましょう。「大きなため息
をつきながらお風呂にはいる」だけでも効果があ
ります。

２章（p.38〜）を
参考に
ストレス解消！

22:00

たのしいことを考えて寝る

寝る前は、心配ごとについて考えることはやめ
ましょう。無理をしてでも、たのしいこと、
好きなことを考えて寝る習慣をつけましょう。

おわりに

　私が保育の世界に入って、半世紀以上が経ちました。公立・私立、さまざまな地域の保育園・子ども園・幼稚園から相談を受けたり、新人保育士や園長のための研修の講師を続けたりするなかで、「保育のプロ」を育てる必要性を感じ、この本を企画しました。伝えたいことは大きく３つあります。

　１つ目は、「人に頼る、迷惑をかける」ことについてです。先日、ハンディキャップをもつ、小児科医の熊谷晋一郎さんの記事を読みました。熊谷さんは「自立とは依存先を増やすことだ」と話しています。本当に、そのとおりだと思いました。
　自立とは、１人でがんばって、何でもできることと考えられがちですが、そうではなく、「こんな状況のときは、この人に相談しよう」、「こんなときは、あの団体に頼もう」と、相談先・依存先をたくさん増やすことで、自立できるのです。
　保育園・子ども園・幼稚園で考えると、自分の園だけで問題を解決しようと動いたところは、ほぼ失敗しています。保護者、行政、第三者に相談したり頼ったりしている園は、地域に支えられて長く発展しつづけています。
　この本では、人に迷惑をかけることについて考えるワーク、弱音をはくワークなどを通して、このことをじっくり考えられるように構成しました。

　２つ目は、「知ることよりも感じる」ことの重要性についてです。知識を得る、あたまで理解することを大事だと思っている人が多いですが、そうではありません。知ることよりも、感じることの

118

ほうが保育士にとって何倍も大事なのです。ときには、マニュアルや虐待・事故防止のチェックシートで確認することも必要かもしれませんが、保育士自身に実力がともなっていないと対応できないことが保育の現場では必ず起こります。

　30のワークのなかには、自分と向き合うワークやグループワークが入っています。自分と向き合うことはつらいこともありますし、グループでのワークは時間がかかります。ですが、そのとき考えたことや感じたことは、忘れずに自分のなかに残ります。その感覚の積み重ねは、確実に保育のプロになるための力になっていくのです。

　また、グループですすめるワークでは、あえて結論を出さないようにしています。結論を出そうとすると、リーダーや力のある人が結論をまとめがちだからです。ワークを通していろいろな人の意見を聞くことで、○でも×でもない△の考えがあることに気づくことができるでしょう。そのことが、柔軟に物事を考えられる保育のプロの力へとつながっていくのです。

　３つ目は、「子どもの権利と人権」についてです。最近、家庭や保育園での虐待問題が大きなニュースになることもあり、「子どもの権利」ということばを耳にすることが増えました。私自身、子どもの権利条約の父と言われているヤヌシュ・コルチャックの研究をしていますので、子どもの権利を尊重しようという流れに異論はありません。それでも違和感があるのは、子どもの権利が声高にさけばれているなかで、子どもにかかわる人たち——保護者や保育者などの権利にはほとんどふれられていないことです。

人権は「人間が人間であることで差別されない権利」で、すべての人にかかわることです。子どもにかかわる人たちの人権が尊重されないなかで、子どもの権利が守られるのでしょうか。保育士の権利を尊重することは、子どもたちを保育する上で、とても重要なことなのです。

　ところで、今年のバレンタインチョコの特徴は、「高くて、おいしくて、創造的なもの」だったそうです。例年のような「安くて、おいしい」との違いは、原料のカカオが値上がりしているためですが、それは、労働力になっている人たちの人権が守られていることによります。世界のビジネスの潮流は、人権を大事にすることなのです。保育界も今後ますます、子どもの権利・人権と、子どもにかかわる人の権利・人権を大事にしていかなければならないでしょう。

　この本は、人権を理解するための本ではありませんが、保育士として子どもの権利・人権を考える出発点になるはずです。人権を学ぶことはとても大切で、保育士の基礎になることを忘れないでください。「人権を大事にする」ということを宣言している保育園・子ども園が、これから30年、40年と生き延びていく保育園・子ども園になると私は考えています。

　「はじめに」でも記しましたが、本書は新人保育士向けの研修をもとに構成していますが、中堅やベテラン保育士にも読んでほしいと考えてつくりました。今、保育園での不適切保育（虐待）で問題になっているのは、新人よりもむしろ中堅やベテラン保育士なのです。本書でも書きましたが、不適切保育の事例

を検証してみると、問題になっている保育士は、真面目で熱心な人が多いのです。このことからわかるのは、学校で学んできたことと日々の保育の経験だけでは「保育のプロ」にはなれないということです。中堅やベテランの保育士にも、この本のワークを通して自分の保育を改めて見直してほしいと思っています。

　子育ては家庭と社会の両輪で行われるもので、保育園・子ども園は社会のかなめとなる場です。子どもを育てるのは家庭だけではありません。ですから、保育園・子ども園にいるあいだは、子どもたちをせいいっぱい愛してください。保育園・子ども園は子どもの欠点を直すところではなく、長所をのばしてあげるところです。そして、保育はすばらしい仕事なのだということを、決して忘れないでください。みなさんが、保育のプロとして長く活躍することを願っています。

　最後に、この本のもととなった新人保育士研修に携わってくださった渋谷区役所と墨田区役所、武蔵野市役所子ども育成課・保育課の皆さん、吉祥寺きらめき保育園の栗原勲さんにもご協力いただきました。心からお礼申し上げます。編集の二宮さん、ありがとう。

新保庄三

子どもの権利条約
日本ユニセフ協会／抄訳

「子どもの権利条約」の全文は第54条まであります。全文（政府／訳）は、日本ユニセフ協会の公式サイトから読むことができます。

https://www.unicef.or.jp/kodomo/kenri/1_1j8j.htm

第1条（子どもの定義）
18歳になっていない人を子どもとします。

第2条（差別の禁止）
すべての子どもは、みんな平等にこの条約にある権利をもっています。子どもは、国のちがいや、性のちがい、どのようなことばを使うか、どんな宗教を信じているか、どんな意見をもっているか、心やからだに障がいがあるかないか、お金持ちであるかないか、親がどういう人であるか、などによって差別されません。

第3条（子どもにもっともよいことを）
子どもに関係のあることが決められ、行われるときには、子どもにもっともよいことは何かを第一に考えなければなりません。

第4条（国の義務）
国は、この条約に書かれた権利を守るために、必要な法律を作ったり政策を実行したりしなければなりません。

第5条（親の指導を尊重）
親（保護者）は、子どもの発達に応じて、適切な指導をします。国は、親の指導を尊重します。

第6条（生きる権利・育つ権利）
すべての子どもは、生きる権利・育つ権利をもっています。

第7条（名前・国籍をもつ権利）

子どもは、生まれたらすぐに登録（出生届など）されなければなりません。子どもは、名前や国籍をもち、できるかぎり親を知り、親に育ててもらう権利をもっています。

第8条（名前・国籍・家族関係が守られる権利）

国は、子どもが、名前や国籍、家族の関係など、自分が自分であることを示すものをむやみにうばわれることのないように守らなくてはなりません。

第9条（親と引き離されない権利）

子どもには、親と引き離されない権利があります。子どもにもっともよいという理由から、引き離されることも認められますが、その場合は、親と会ったり連絡したりすることができます。

第10条（別々の国にいる親と会える権利）

国は、別々の国にいる親と子どもが会ったり、一緒にくらしたりするために、国を出入りできるように配慮します。親がちがう国に住んでいても、子どもは親と連絡をとることができます。

第11条（よその国に連れさられない権利）

国は、子どもが国の外へ連れさられたり、自分の国にもどれなくなったりしないようにします。

第12条（意見を表す権利）

子どもは、自分に関係のあることについて自由に自分の意見を表す権利をもっています。その意見は、子どもの発達に応じて、じゅうぶん考慮されなければなりません。

第13条（表現の自由）

子どもは、自由な方法でいろいろな情報や考えを伝える権利、知る権利をもっています。

第14条（思想・良心・宗教の自由）
子どもは、思想・良心・宗教の自由についての権利をもっています。

第15条（結社・集会の自由）
子どもは、ほかの人びとと一緒に団体をつくったり、集会を行ったりする権利をもっています。

第16条（プライバシー・名誉の保護）
子どもは、自分や家族、住んでいるところ、電話やメールなどのプライバシーが守られます。また、他人から誇りを傷つけられない権利をもっています。

第17条（適切な情報の入手）
子どもは、自分の成長に役立つ多くの情報を手に入れる権利をもっています。国は、本、新聞、テレビ、インターネットなどで、子どものためになる情報が多く提供されるようにすすめ、子どもによくない情報から子どもを守らなければなりません。

第18条（子どもの養育はまず親に責任）
子どもを育てる責任は、まずその両親（保護者）にあります。国はその手助けをします。

第19条（あらゆる暴力からの保護）
どんなかたちであれ、子どもが暴力をふるわれたり、不当な扱いなどを受けたりすることがないように、国は子どもを守らなければなりません。

第20条（家庭を奪われた子どもの保護）
家庭を奪われた子どもや、その家庭環境にとどまることが子どもにとってよくないと判断され、家庭にいることができなくなった子どもは、かわりの保護者や家庭を用意してもらうなど、国から守ってもらうことができます。

第21条（養子縁組）

子どもを養子にする場合には、その子どもにとって、もっともよいこと
を考え、その子どもや新しい親（保護者）のことなどをしっかり調べた
うえで、国や公の機関だけが養子縁組を認めることができます。

第22条（難民の子ども）

自分の国の政府からのはく害をのがれ、難民となった子どもは、のがれ
た先の国で守られ、援助を受けることができます。

第23条（障がいのある子ども）

心やからだに障がいがある子どもは、尊厳が守られ、自立し、社会に参
加しながら生活できるよう、教育や訓練、保健サービスなどを受ける権
利をもっています。

第24条（健康・医療への権利）

子どもは、健康でいられ、必要な医療や保健サービスを受ける権利をもっ
ています。

第25条（施設に入っている子ども）

施設に入っている子どもは、その扱いがその子どもにとってよいもので
あるかどうかを定期的に調べてもらう権利をもっています。

第26条（社会保障を受ける権利）

子どもは、生活していくのにじゅうぶんなお金がないときには、国から
お金の支給などを受ける権利をもっています。

第27条（生活水準の確保）

子どもは、心やからだがすこやかに成長できるような生活を送る権利を
もっています。親（保護者）はそのための第一の責任者ですが、必要な
ときは、食べるものや着るもの、住むところなどについて、国が手助け
します。

第28条（教育を受ける権利）
子どもは教育を受ける権利をもっています。国は、すべての子どもが小
学校に行けるようにしなければなりません。さらに上の学校に進みたい
ときには、みんなにそのチャンスが与えられなければなりません。学校
のきまりは、子どもの尊厳が守られるという考え方からはずれるもので
あってはなりません。

第29条（教育の目的）
教育は、子どもが自分のもっている能力を最大限のばし、人権や平和、
環境を守ることなどを学ぶためのものです。

第30条（少数民族・先住民の子ども）
少数民族の子どもや、もとからその土地に住んでいる人びとの子どもは、
その民族の文化や宗教、ことばをもつ権利をもっています。

第31条（休み、遊ぶ権利）
子どもは、休んだり、遊んだり、文化芸術活動に参加したりする権利を
もっています。

第32条（経済的搾取・有害な労働からの保護）
子どもは、むりやり働かされたり、そのために教育を受けられなくなっ
たり、心やからだによくない仕事をさせられたりしないように守られる
権利をもっています。

第33条（麻薬・覚せい剤などからの保護）
国は、子どもが麻薬や覚せい剤などを売ったり買ったり、使ったりする
ことにまきこまれないように守らなければなりません。

第34条（性的搾取からの保護）
国は、子どもが児童ポルノや児童買春などに利用されたり、性的な虐待
を受けたりすることのないように守らなければなりません。

第35条（誘拐・売買からの保護）
国は、子どもが誘拐されたり、売り買いされたりすることのないように守らなければなりません。

第36条（あらゆる搾取からの保護）
国は、どんなかたちでも、子どもの幸せをうばって利益を得るようなことから子どもを守らなければなりません。

第37条（拷問・死刑の禁止）
どんな子どもに対しても、拷問や人間的でないなどの扱いをしてはなりません。また、子どもを死刑にしたり、死ぬまで刑務所に入れたりすることは許されません。もし、罪を犯してたいほされても、尊厳が守られ年れいにあった扱いを受ける権利をもっています。

第38条（戦争からの保護）
国は、15歳にならない子どもを軍隊に参加させないようにします。また、戦争にまきこまれた子どもを守るために、できることはすべてしなければなりません。

第39条（被害にあった子どもの回復と社会復帰）
虐待、人間的でない扱い、戦争などの被害にあった子どもは、心やからだの傷をなおし、社会にもどれるように支援を受けることができます。

第40条（子どもに関する司法）
罪を犯したとされた子どもは、ほかの人の人権の大切さを学び、社会にもどったとき自分自身の役割をしっかり果たせるようになることを考えて、扱われる権利をもっています。

著者　**新保庄三**（しんぼ しょうぞう）

子ども総合研究所代表、日本保育者支援協会共同代表。社会福祉法人土の根会理事長。東京都助産師会館理事・評議員、東村山市花さき保育園園長を経て、現職。東京都武蔵野市など多数の自治体で保育アドバイザーとして保育士の研修・相談活動に従事している。現在、静岡県裾野市さくら保育園のアドバイザーとしても活動。共著に『子どもの「じんけん」まるわかり』（ぎょうせい）などがある。

協力

栗原 勲（吉祥寺きらめき保育園）

萩原 稜

イラスト　　　　　柚木ミサト

装丁・デザイン　　稲垣結子（ヒロ工房）

ワークプリントDTP　松田志津子

編集　　　　　　　二宮直子

保育のプロになるワーク30

2023年5月27日　第1刷印刷
2023年5月27日　第1刷発行

著者　　　新保庄三
発行者　　奥川 隆
発行所　　**子どもの未来社**

〒 101-0052
東京都千代田区神田小川町3-28-7-602
TEL 03-3830-0027　FAX 03-3830-0028
E-mail：co-mirai@f8.dion.ne.jp
http://comirai.shop12.makeshop.jp/

振　替　　00150-1-553485
印所・製本　シナノ印刷株式会社

Ⓒ2023 SHINBO Shozo Printed in Japan
ISBN978-4-86412-235-1
C0037　NDC370　128頁　21㎝×14.8㎝